다윗처럼 기도하라

다윗처럼 기도하라

저자 이대희

초판 1쇄 발행 2018. 10. 18.
개정판 1쇄 발행 2022. 10. 24.

발행처 도서출판 브니엘
발행인 권혁선

책임편집 김지연
책임교정 조은경

등록번호 서울 제2006-50호
등록일자 2006. 9. 11.

서울특별시 송파구 백제고분로28길 25 B101호 (05590)
마케팅부 02)421-3436
편집부 02)421-3487
팩시밀리 02)421-3438

ISBN 979-11-90308-85-4 03230

독자의견 02)421-3487
이메일 editorkhs@empal.com

북카페 주소 cafe.naver.com/penielpub.cafe
인스타그램 @peniel_books

도서출판 브니엘은 독자들의 원고를 설레는 마음으로 기다리고 있습니다.
위의 이메일로 간단한 기획 내용 및 원고, 연락처 등을 보내주십시오.

도서출판 브니엘은 갓구운 빵처럼 항상 신선한 책만을 고집합니다.

다윗처럼 기도하라

이대희 지음

프롤로그

일상에서 함께하는 인생 기도

　　서점에 가 보면 어떤 책보다 기도에 관한 책이 많다. 기도에 대한 책들이 계속해서 출간되는 이유는 무엇일까? 어쩌면 기도의 삶이 그리 만만치 않다는 사실을 방증하는 것인지도 모른다. 각자 다양한 상황에서 하나님과 만나고 대화를 나누는 것은 그리 쉬운 일이 아니다. 그리스도인이 가장 쉽게 할 수 있는 일이 기도이다. 그런데도 가장 어려운 일 또한 기도이다. 이것은 기도해본 사람이나 기도하는 사람이라면 누구나 동감하는 사실이다.

　　하나님은 성경을 통해 우리에게 말씀하신다. 그리고 우리는 말을 통해 기도한다. 그런데 하나님께 말하는 것이 생각처럼 쉬운 일은 아니다. 물론 중언부언 계속 말하면서 기도할 수도 있다. 이렇게 생각하면 기도가 어려운 일은 아니다. 내가 구하는 것을 계속 말하면 되니까. 그러나 하나님 마음에 맞는 기도를 생각할 때는 이야기가 달라진다.

사람들과 대화할 때 그냥 내가 하고 싶은 말을 던지는 일방적인 대화는 쉽다. 그러나 상대방의 마음을 읽고 상대방의 마음에 흡족한 말을 찾아서 한다는 것은 정말 어려운 일이다. 상대방의 보이지 않는 마음을 먼저 읽어내고, 그것에 부합하는 대화를 나누기까지는 오랜 시간이 필요하다. 단번에 이루어지는 일이 결코 아니다. 하나님과의 대화도 마찬가지다. 하나님의 마음에 맞는 기도를 하기 위해서는 오랫동안 하나님 말씀을 통해 하나님 뜻을 발견하고, 그 뜻에 순종하는 일련의 과정이 전제되어야 한다. 어쩌면 우리가 기도하는 많은 시간은 이런 과정에 할애한다고 볼 수 있다. 기도 시간을 통해 우리는 하나님 마음을 헤아린다. 그리고 자신을 비우고 낮추며 자신을 포기하게 된다. 그렇게 되면서 우리는 점차 하나님 뜻에 맞는 기도를 하게 된다.

그렇다면 하나님은 어떤 기도를 원하시고, 어떤 기도에 응답하실까? 이것에 대한 해답은 하나님 마음에 합한 기도라고 할 수 있다. 하나님 마음에 명중하는, 하나님 마음을 움직이는 기도가 곧 위대한 기도이다. 이런 기도가 우리가 꿈꾸는 기도이기도 하다. 기도의 목표는 하나님의 마음이다. 사람마다 다양하게 기도한다. 마치 화살을 당기듯이 하나님을 향해 말을 많이 쏟아낸다. 그러나 수없이 쏟아내는 기도가 모두 과녁에 명중하는 것은 아니다. 그중에 몇 개만 맞을 수도 있고, 아니면 모두 빗나갈 수도 있다. 기도한다고 모든 기도가 응답되는 것은 아니다. 많은 시간을 투자해서 기도한다고 그것이 능력 있는 기도가 되는 것도 아니다. 중요한 것은 하나님의 마음에 맞추는, 하나님 마음을 움직이는 그런 기도가 되지 않으면 모두 땅에 떨어지는 화살과 같은 기도가 될 수밖에 없다는 사실이다. 한 번을 하더라도 정확하게 하나님 마음에 명중하는 그런 기도가 필요한데, 그것은 보통 명사수가 아니면 힘들다. 우리는 그런 기도를 목표로 삼고, 수많은 시간을 거쳐 점차 하나님 마음에 합한 기도에 이르게 된다.

우리가 기도하는 이유는 죄인이기 때문이다. 모든 인간은 죄인이기에 기도하지 않고는 살아갈 수 없다. 만약 우리가 기도 없이 무슨 일을 한다면 그 일은 죄를 먹고 마시는 일이 될 수밖에 없다. 이런 면에서 보면 모든 성도에게 기도는 필수이다. 죄의 히브리 원어는 '하말티아'인데, 이 단어의 뜻은 활을 쏘았을 때 과녁을 맞히지 못하고 빗나갔다는 의미다. 그렇기에 기도 없이는, 기도로 자기 죄를 회개하지 않고는 누구도 하나님의 마음 과녁을 맞힐 수가 없다. 우리는 기도를 통해 점차 하나님의 마음 과녁을 맞히는 사람이 된다. 물론 오랫동안에 이루어질 긴 여정이다. 그런데 행복한 일이다. 조금씩 하나님 앞으로 다가서면서 하나님 마음과 내가 일치되는 것을 경험할 때는 얼마나 행복한지 모른다. 마치 궁사가 화살을 쏘아 10점에 명중했을 때의 기분과 같을 것이다. 누구든지 10점 과녁을 맞히면 그 사람에게는 자연스럽게 메달이 주어진다. 문제는 메달이 아니라 과녁을 맞히는 일이 먼저이다.

"그의 뜻대로 무엇을 구하면 들으심이라"(요일 5:14). 주님의 뜻대로 구하면 능력이 자연스럽게 주어지고 응답은 나타난다. 문제는 하나님 뜻과 어긋나니까 하나님의 응답이 없는 것이다. 주님이 겟세마네 동산에서 하나님 뜻에 일치하는 기도를 세 번에 걸쳐 하신 것처럼 우리도 그런 기도를 해야 한다. 하나님의 과녁을 맞히는 그런 기도가 필요하다. 이것이 기도의 핵심이다. 이것만 해결되면 그다음은 자연스럽게 이루어진다. 능력은 언제나 하나님 뜻과 관련 있다. 우리의 기도를 하나님의 과녁에 정확히 맞히기 위해서는 많은 기도 시간과 인내의 훈련과정이 필요하다. 이것은 일생에 걸쳐 이루어지는 훈련이다.

이것을 해결하기 위한 한 가지 방법으로 다윗을 그 모델로 제시하면서, 다윗의 생애와 함께하는 기도 여행에 여러분을 초대하고자 한다. 개념적으론 이해되는데 삶에 적용이 안 되는 것은 실제적인 기도의 체험이 없어서다. 이것을 이루는 한 방법으로 이런 기도의 삶을 실제로 살았던 다윗의 삶 속으로 직접 들어가 본다면, 우리는 하나님 마음에 합한 기도를 간접 경험하게 될 것이다.

다윗은 전 생애에 걸쳐서 하나님 뜻을 생각하며 하나님 마음에 합하려고 노력했던 사람이다. 그래서 하나님은 다윗에게 '내 마음에 합한 자'라는 별칭을 주셨다. 특히 다윗은 고난과 눈물 속에서 하나님 마음을 알아가며 기도를 배웠다. 지식과 이론으로 기도를 배운 게 아니라 쫓김과 죽음의 고비를 넘기면서 지독한 삶을 통해 기도를 배웠다. 그렇기에 우리는 다윗의 일생을 통해 다윗이 어떻게 하나님

의 과녁을 맞히려고 노력했는지, 그리고 무슨 일을 할 때마다 하나
님에게 어떻게 구하고, 어떻게 응답받아서 행했는지 생생한 다윗을
만나게 된다. 점점 하나님에게 가까이 다가서는 다윗의 생애는 실로
감동을 주기에 충분하다. 이런 면에서 다윗은 우리 기도의 모범으로
삼아도 전혀 손색이 없는 사람이다.

　나는 이것을 이루기 위해 사무엘상하의 성경 이야기와 다윗이
삶 속에서 직접 드렸던 찬양과 기도인 시편 말씀을 연결하는 방식으
로 이 책을 썼다. 단순하게 내 기도의 생각을 열거하는 것보다 성경
을 펼쳐놓고, 직접 성경을 읽으면서 성경 이야기에 들어가는 방식으
로 정리했다. 이것은 말씀과 기도가 일치를 이루는 좋은 기도 방법
이기도 하다. 그러므로 이 책은 기도에 관한 이야기면서 아울러 성
경에 관한 이야기기도 하다. 각각 끊어진 기도의 여러 내용을 말하
기보단 성경 본문을 순서대로 그대로 따라가면서 자연스럽게 기도
에 대한 생각을 정리하여 다윗의 삶을 본받도록 하는 내러티브 방식
을 따랐다. 이 책을 통해 아무쪼록 말씀과 기도가 일치를 이루는 좋
은 기도 여행의 시간을 갖길 기대한다. 내가 이 책을 집필하는 동안
사무엘서를 통해 다윗의 기도에서 받았던 감동이 독자들에게 더 많
은 은혜로 이어지는 통로가 되길 소원한다.

　다윗의 실제적인 기도가 가장 많이 수록된 시편은 신약성경에서
가장 많이 인용한 구약성경이다. 시편 150편 중에서 무려 129편이
신약에 인용되고 있다. 예수님의 기도 역시 시편을 많이 인용하셨
다. 이것은 예수님이 시편 기도, 즉 다윗의 기도를 즐겨 사용하셨다

는 방증이다. 예수님은 시편에 자신에 대한 기록이 많다고 말씀하셨다(눅 24:44). 예수님이 보실 때도 가장 대표적인 기도의 사람은 다윗이었던 모양이다. 그렇기에 다윗의 기도는 예수님을 생각나게 한다. 이런 점에서 보면 다윗의 기도는 예수님의 기도의 삶과 깊이 연결된다.

한 학기 동안 에스라성경대학원대학교 성경학박사(D. Litt) 과정에서 사무엘서 발제와 토론에 함께 참여했던 박사과정 학우들과 친절하게 지도해주시며 강의를 통해 깊은 통찰력을 갖게 해주신 김덕중 교수님께 특별히 감사드린다. 또 20년 동안 함께해 온 예즈덤성경대학 말씀 동역자들과 사무엘서를 1년 동안 함께 연구하면서 얻은 영감은 이 책을 집필하는 데 큰 자양분이 되었다. 함께한 동역자들에게 감사드린다. 아울러 다윗과 같은 오랜 광야의 삶 속에서도 지속적으로 하나님을 바라보게 하며 격려하고 기도로 지원해준 착하고 예쁜 사랑하는 아내 채금령에게, 어려운 목회 환경 가운데서도 믿음을 갖고 함께 기도하며 잘 따라준 아들 샘과 딸 기쁨이에게 고마움을 전한다.

글쓴이 이대희

PART 2

기도로 인격을 다듬은 다윗

PART 3

눈물로 기도를 맑게 한 다윗

PART 4

놀라운 기도 응답을 체험한 다윗

PART 1

기도로 하나님께
마음을 맞춘 다윗

기도로 마음이 하나님과 하나 되게 하라

기도란 하나님의 말씀을 듣는 것이다. 제사와 같은
의식적인 차원의 행위와는 다르다. 기도는 외적인 행위라기보다는
하나님의 말씀을 듣고 그 뜻에 순종하는 내적인 마음을 의미한다.

배우자 선택의 절대 기준은 "나와 마음이 맞는 사람인가?"이다. 그러나 나의 마음을 이해하고 나의 마음에 합한 사람을 찾는 게 결코 쉬운 일은 아니다. 평생을 같이하며 마음을 나눌 수 있는, 마음에 합한 배우자를 만나는 것은 이 세상 최고의 축복이다.

하나님은 어떤 사람을 하나님의 사람으로 선택하실까? 바로 하나님 마음에 합한 사람이다. 그렇기에 하나님 마음을 알기 위해 노력하며 준비한 사람은 틀림없이 하나님의 선택을 받을 것이다. 주님이 가르쳐주신 주기도문에서 강조하는 기도의 핵심은 하늘의 뜻이 땅에서 이루어지는 것이다. 하늘과 땅이 하나로 일치되는 그것이 기도의 마지막 목표이다. 타락한 이 땅이 선한 하나님의 뜻으로 거룩해지는 그날의 새 하늘과 새 땅의 모습이다.

하나님은 이 일을 이루시기 위해 주님의 마음에 합한 사람을 찾고 계신다. 하나님은 그 사람이 어디에 숨어 있든지 정확히 찾아내신다. 우리는 이 사실을 믿고 기도를 통해 항상 하나님과 마음을 합하는 훈련을 하는 게 중요하다.

"우리가 왜 기도해야 하는가?" 하고 물으면 그것은 "하나님과 마음을 합하기 위해서"라고 말할 수 있다. 하지만 우리 마음과 하나님 마음을 합하는 일은 결코 쉽지 않다. 한순간에 이루어지는 일이 아니기 때문이다. 오랜 시간에 걸쳐 끊임없이 하나님과 마음을 합하는 교제를 나누어야 한다. 그러다 보면 마침내 하나님과 마음이 합해지는 때가 올 것이다. 하나님과 하나 되는 삶은 기도를 통해 이루어진다. 이것이 우리가 기도하는 가장 큰 이유이다.

하나님에게 묻지도 않고
말씀을 듣지도 않는 사울

사울은 이스라엘의 초대 왕이었다. 그의 출발은 매우 성공적이었다. 하지만 왕의 직무를 지속하지는 못했다. 그는 왜 왕의 임무를 다하지 못한 채 도중하차했을까? 이 질문의 답을 찾는 일은 다윗이 왕으로 선택받은 이유와도 연관 있기에 매우 중요하다. 우리는 이 답을 사무엘상 15장에서부터 찾을 수 있다. 사무엘상 15장에는 사울이 하나님에게 버림받는 장면이 나온다. 우리는 이 장면에서 "사울이 왜 왕의 자리에서 쫓겨났을까?"라는 궁금증을 가진다. 왕으로서 일반적인 직무수행에는 크게 문제가 없었기 때문이다.

하지만 이스라엘 왕의 정체성을 고려한다면 충분히 이해된다. 이스라엘 왕에게는 이방 왕들과 다른 점이 있었다. 백성의 지도자로서 최고의 지위를 갖지만 하나님 앞에서는 왕 역시 한낱 종이라는 점이다. 즉 이스라엘 왕은 왕이기에 앞서 언제나 하나님의 종이었다. 따라서 왕 중의 왕이신 하나님을 인정하지 않고, 왕이신 하나님의 말씀을 듣지 않는 사람은 왕으로서 자격이 없었다. 사울은 이 사실을 잊어버렸다. 그 결과 이방 왕들처럼 되고 말았다. 바로 이 점이 하나님께서 사울을 폐위시키신 중요한 이유이다.

사실 사울은 하나님이 선택하신 왕이라기보다는 백성이 선택한 왕이었다. "이제 너희가 구한 왕, 너희가 택한 왕을 보라. 여호와께서 너희 위에 왕을 세우셨느니라"(삼상 12:13). 비록 하나님이 세우셨지만 애초부터 사울은 백성이 구한 왕이며, 백성의 마음에 맞는 왕이었다. 그로 인해 하나님이 사울에게 왕의 자리를 허락하셨을 뿐이다. 사울이 하나님과 마음이 합하지 못 한 사람임은 왕이 된 지 얼마 지나지 않아 그대로 드러났다. 블레셋과 전투에 앞서 상황이 위급하게 돌아가자 사무엘을 기다리지 못하고 제사장이 드려야 할 번제를 사울 자신이 드린 것이다. 그리고 사무엘이 오자 부득이해서 어쩔 수 없었다고 구차한 변명을 늘어놓았다. 이때 사무엘은 사울에게 "왕이 하나님의 말씀을 듣지 않았기에 이제 왕의 나라는 길지 못하리라"고 예언한다. 또한 "하나님이 그분의 마음에 합한 사람을 구해 왕을 대신해 지도자로 삼으셨다"고 말함으로써 사울의 왕으로서의 직무가 끝났음을 선포한다.

왕의 가장 큰 임무는 하나님의 말씀을 듣는 일이다. 그런데 사울은 그 일을 등한시했다. 결국 사울은 아말렉과의 전투에서 또다시 하나님 말씀을 저버림으로써 더 이상 구제받을 수 없는 처지가 되고 말았다. 이처럼 사울이 하나님에게 버림받은 것은 하나님 말씀을 버렸기 때문이다. 하나님은 사울에게 왕으로서 가져야 할 중요한 자질이 말씀을 듣는 일임을 반복해서 강조하셨다. 사울의 문제점은 하나님의 말씀보다 사람의 말을 더 들었다는 것이다. 그는 하나님을 두려워하기보다 백성을 더 두려워했다. 그는 말씀에 대한 순종이 제사보다 낫고, 듣는 것이 숫양의 기름보다 나음을 깨닫지 못했다.

구하기 전에 말씀을 듣는
경청이 우선이다

여기서 우리는 기도의 본질을 발견하게 된다. 기도란 하나님의 말씀을 듣는 것이다. 제사와 같은 의식적인 차원의 행위와는 다르다. 기도는 외적인 행위라기보다 하나님의 말씀을 듣고 그 뜻에 순종하는 내적인 마음을 의미한다. 그러므로 하나님 말씀이 없는 기도는 더 이상 기도가 아니다. 종교적인 행위일 뿐 하나님이 원하시는 마음이 아니다. 기도라고 해서 다 기도가 될 수는 없다. 그리스도인의 기도는 하나님 말씀과 연관이 있어야 한다. 말씀이 빠지면 사울과 같은 형식적인 행위가 될 수 있다. 인간의 욕심을 이루는 그럴듯한 형식으로만 남을 수 있다. 기도는 나의 뜻을 이루어내는 게 아니다. 우리는 사울의 이야기를 통해 기도란 하나님의 말씀을 듣고 그 뜻에 순종하는 것임을 분명히 깨닫게 된다. 말씀과 기도는 분리될 수 없다. 기도가 말씀이요, 말씀이 기도이다.

그런데 오늘날 우리의 기도가 많은 부분에서 말씀과 분리되어 행해지고 있음을 본다. 외적이고 형식만 남은, 말씀을 상실한 기도는 우리를 더욱 교만하게 만들 수 있다. 하나님을 도구로 삼아 자신의 목적을 이룰 수 있다. 각별히 조심해야 하는 부분이다. 사람의 말에 비중을 두기보다는 하나님의 말씀에 중심을 둔, 그 뜻을 이루기 위한 기도야말로 하나님이 진정 원하시는 기도이다. 하나님은 이같이 기도하는 사람을 찾으신다. 기도 시간은 하나님의 말씀을 청종하는 시간이다.

오늘 우리의 기도가 하나님 앞에 잠잠히 서서 하나님이 주시는 말씀을 들을 때 시작된다면 얼마나 좋을까? 하나님의 말씀이 임하지 않으면 아직 기도가 시작되지 않은 것임을 알아야 한다. 내가 기도를 시작할 순 없다. 하나님이 시작하셔야 마침내 기도가 시작된다. 나 혼자 말한다고 해서 대화가 되는 것이 아니다. 내 앞에 계신 하나님이 말씀하셔야 비로소 기도가 시작된다. 이 사실을 통해 기도에 있어 말씀을 듣는 일이 얼마나 중요한지를 깨달을 수 있다. 이 같은 기도를 드릴 때 기도 후에 말씀을 실천하는 사람이 된다. 기억하

라. 기도가 나의 뜻을 이루는 도구로 전락한다면 사울과 같은 실패자가 될 수밖에 없음을.

기도로 하나님의 마음에
초점을 맞추라

　　　　종종 교회 안에서 기도를 자신의 목적을 위해 사용하는 경우를 본다. 예를 들어 그냥 교회를 옮기기는 별로 모양새가 좋지 않기에 얼마 동안 기도해 보겠다고 말한다. 그리고 얼마 후에 실제로 교회를 떠난다. 사람들은 기도하는 가운데 결정한 일이라고 말하지만 이 같은 기도는 단지 자기 결정을 보증하는 기도가 되기 쉽다. 우리는 많은 일을 기도로 시작하는 것이라고 말하지만, 그렇다면 얼마나 큰 확신을 가지고 진행하는가?

　이처럼 우리는 기도를 들러리처럼 사용하는 경우가 잦다. 사실 어떤 일을 가장 쉽게 합리적으로 포장할 수 있는 말이 기도이다. 매우 주관적이기에 그 누구도 쉽게 평가를 내리기 어렵다. 어떤 때는 그것을 믿을 수밖에 없다. 그러나 우리는 그 결과가 참담한 경우가 얼마나 많은지 경험하고 있다. 하나님을 슬프게 하는 기도가 아니라 하나님 마음에 합한 기도를 할 수 있다면 얼마나 좋을까?

　내가 하는 이 일이 참으로 하나님의 뜻에 맞는지 초점을 맞추는 시간을 가져보자. 사울은 초점을 하나님 말씀이 아니라 자신의 눈높이에 맞추었다는 점에서 불행한 사람이었다. 하나님이 선택하시는 사람은 하나님의 마음에 초점을 맞추는 사람이다. 이처럼 초점을 맞추는 것이 기도이다. 나는 내 삶의 초점을 하나님의 마음에 맞추고 있는가? 아니면 나의 목적에 하나님을 끌어당기고 있는가? 혹시 기도를 잘못 사용하고 있는 것은 아닌지 생각해보라. 흔히 이방 종교와 주술가들처럼 기도를 사용하는 것은 아닌지 생각해보라.

하나님이 사울을 대신해 선택하신 다윗은 사울과 달리 하나님 마음에 합한 사람이었다. 우리는 사울의 패망 이야기를 통해 다윗의 모습이 어떠할지 미리 그려 볼 수 있다. 이제 하나님이 택하신 왕, 하나님 마음에 합한 왕 다윗을 향한 이야기 여행을 떠나보자. 그가 어떻게 하나님과 함께하며 기도하는 삶을 살았는지 사무엘상하와 시편을 통해 기도하는 다윗을 만나보자.

02

기도를 통해 일상에서
하나님을 경험하라

하나님의 선택은 언제 어디서든지 하나님을 의지하고 자기 일에 충실한
사람을 향해 있다. 일상은 하나님의 부름의 현장이다.
하나님은 일상에서 하나님과 교제하며 기도드리는 사람을 버리지 않으신다.

　　하나님 마음에 합한 사람은 과연 어떤 사람인가? 마음은 영적이
며 내적인 것이다. 마음은 눈에 보이지 않는다. 하나님은 모든 사람
의 마음을 아시지만 우리 같은 보통 사람이 누군가의 마음을 안다는
것은 결코 쉽지 않다. 그 사람의 마음을 알 수 있는 유일한 방법이
있다면 그가 살아가는 일상의 모습을 살펴보는 것이다. 따라서 누군
가가 하나님 마음에 합한 사람인지의 여부는 그의 삶을 보면 알 수
있다. 마음은 숨겨져 있지만 삶을 통해 드러나기 때문이다.

　　아무리 숨기려고 해도 숨길 수 없는 것이 일상의 삶이다. 특별한
시간, 특별한 장소에서는 그 사람의 마음을 알 수 없다. 이미 연출되
어 화려하게 보이는 것은 진정한 마음의 모습이 아니기 때문이다.
그러나 그의 일상을 보면 그 사람의 마음을 알 수 있다. 이제 다윗의

일상으로 한번 들어가 보자. 그러면 그의 마음을 어느 정도 알 수 있으리라.

누가 하나님 마음에 합한 사람인가?

하나님은 사울을 대신할 하나님의 마음에 합한 사람을 찾기 위해 사무엘을 베들레헴에 있는 이새의 집으로 보내신다. 그리고 그의 아들 중 한 명을 왕으로 삼을 것이라고 말씀하신다(삼상 16:1). 즉 이새의 집에 하나님 마음에 합한 사람이 있다는 것이다. 사무엘은 결코 쉽지 않은 일임을 알고 만약 사울이 들으면 자신을 죽일 것이라고 하나님께 말씀드린다. 그러자 하나님은 "제사를 드리러 왔다 하고 이새를 제사에 청하라. 내가 네게 행할 일을 가르치리니 내가 네게 알게 하는 자에게 나를 위하여 기름을 부을지니라"고 행할 바를 자세히 말씀해주신다.

하나님의 말씀대로 이새의 아들들이 제사에 청함을 받고 참석한다. 사무엘은 과연 누가 하나님이 택하신 사람인지 궁금했을 것이다. 사무엘은 장남 엘리압을 보자 마음에 들었다. 그래서 엘리압이 하나님의 기름 부음을 받을 자라고 확신한다. 그러나 하나님은 사무엘에게 "그의 용모와 키를 보지 말라. 내가 이미 그를 버렸노라. 내가 보는 것은 사람과 같지 아니하니 사람은 외모를 보거니와 나 여호와는 중심을 보느니라"(삼상 16:7)고 말씀하신다. 사무엘도 잠시 하나님의 뜻과 거리가 있는 모습을 보였다. 아마도 왕이 되려면 외모도 출중하고 힘도 있어야 한다고 사무엘은 생각했던 것 같다. 그래야 백성을 위해 적과 싸울 수 있었기 때문이다.

이 같은 사무엘의 오판은 믿음을 가진 사람조차 실수할 수 있음을 보여준다. 우리는 사람을 볼 때 믿음도 있어야 하지만 세상적인 조건도 있어야 한다고 생각한다. 특히 자녀의 배우자를 찾을 때 그 부모는 믿음이 중요하다고 말하면서도 세상적인 조건에 기우는 경향이 크다. 그리고 그 조건에 따라 선택할 때가 많다. 그러나 세상적인 조건은 득이 될 수도 있지만 때로는 오히려 올무가 될 수도 있음을 늘 염두에 두어야 한다. 강점이 약점이 될 수도 있고 약점이 강점이 될 수도 있다. 이 같은 이중성을 파악하지 못하면 그로 인해 평생 고생하게 된다. 사람은 대체로 외모에 약하다. 내적인 부분보다 외적인 부분에 치중해 그 모습에 이끌린다. 이론적으로는 사람에게 내적인 부분이 중요하다는 사실을 알면서도 막상 현실에 부딪히면 외적인 부분에 이끌리는 게 일반적인 모습이다.

이처럼 기도하고 결정한 일이 결국은 외적인 판단에 의한 결정이라면 그 기도는 문제가 있다. 기도는 외적인 면을 보는 게 아니라 내적인 면을 보는 능력이기 때문이다. 외적인 부분은 누구나 다 안다. 굳이 기도하지 않아도 답을 찾을 수 있다. 그러나 감추어진 내적인 부분은 기도하지 않으면 발견하기 어렵다. 앞으로 나타날 잠재력과 그 안에 담긴 영혼에 대한 것은 오직 기도를 통해서만 알 수 있다. 그런데 사무엘조차도 외적인 화려함에 잠시 기도를 잃어버렸던 것 같다. 한국교회가 그토록 기도를 많이 하면서도 여전히 외적인 면에 이끌리는 것은 오늘 우리의 기도를 다시 한번 점검해봐야 한다는 사인이 아닐까? 기도는 하나님이 원하시는 것을 찾아가는 여정이다. 쉽게 발견할 수 없기에 기도할 수밖에 없지 않은가? 진실로 귀하기에 기나긴 여행임에도 멈출 수 없지 않은가?

주님의 마음에 합한
숨어 있는 다윗을 찾으라

사무엘 앞에 나온 이새의 일곱 아들이 다 지나감에도 하나님은 택한 사람이 아니라고 말씀하신다. 하나님은 분명히 이새의 아들 중에 왕으로 택함을 받은 자가 있다고 하셨다. 그런데 모두 다 지나갔음에도 하나님이 지목하시는 사람이 없었다. 당황한 사무엘이 이새에게 물었다.

"네 아들들이 다 여기 있느냐?"

이새가 대답했다.

"아직 막내가 남았는데 그는 양을 지키고 있나이다."

그러자 사무엘이 재촉했다.

"그를 데려오라."

그렇게 해서 나온 사람이 바로 다윗이다. 마침내 하나님이 사무엘에게 "이가 그니 일어나 기름을 부으라"고 말씀하시자 사무엘이 다윗에게 기름을 부어 이스라엘의 두 번째 왕으로 삼았다.

여기서 우리는 다윗의 모습을 눈여겨볼 필요가 있다. 성경은 이새의 모든 아들이 참석해야 하는 자리에 다윗이 왜 부름을 받지 못했는지 그 이유에 관해 침묵하고 있다. 그로 인해 이새가 왜 막내아들을 불참시켰는지 쉽게 이해되지 않는다. 다만 다윗이 가장 어린 아들이었고, 따라서 신장도 가장 작았을 것이기에 어른들이 참여하는 제사에 굳이 참석하지 않아도 된다고 생각했을 가능성이 높다.

성경에서 막내는 주로 하나님의 주권적인 선택에 사용되는 존재로 묘사된다. 막내는 사람의 판단과 위계질서로는 선택받을 수 없는 존재이다. 막내가 으뜸이 되는 일은 오직 하나님의 주도적인 선택을 통해서만 가능하다. 이삭, 야곱, 요셉, 에브라임 등의 선택과정을 보면 이와 동일한 원리가 적용된다. 막내를 뜻하는 히브리어 '하가톤'에는 가장 어릴 뿐 아니라 가장 작다는 의미가 있다. 다윗의 작은 키는 사울의 큰 신장과 대비되는 것으로 은연중에 다윗이 하나님께서 선택하신 존재임을 암시하고 있다.

이새의 아들들이 사무엘과 만나는 제사에 참석한 시간에 다윗은 들에서 양을 치고 있었다. 참 아이로니컬한 장면이다. 형들이 사무엘과 만나는 순간에 들에서 양을 치고 있던 다윗의 마음은 어떠했을까? 우리는 성경을 통해 그 사실을 있는 그대로 받아들이는 다윗을 읽을 수 있다. 양치기에 충실한 다윗은 앞으로 이스라엘의 목자로서 그의 삶을 예고하는 인상을 준다. 하나님의 때까지 준비하고 기다리는 모습을 연상시킨다. 이것은 애굽의 왕자였던 모세가 광야에서 40년간 양치기로 지낸 모습과도 비슷하다.

성경은 사람들 앞에 나온 다윗에 대해 "그의 빛이 붉고 눈이 빼어나고 얼굴이 아름답더라"(삼상 16:12)고 묘사하고 있다. 이것은 그가 이미 내적인 능력을 갖추었음을, 처음부터 자신을 부르지 않은 일로 마음이 상하지 않았음을 의미한다. 그의 마음은 하나님을 향해 있었고, 하나님은 그의 마음을 알고 계셨다.

사도 바울은 비시디아 안디옥 교회에서 설교할 때 다윗에 대해 "다윗을 왕으로 세우시고 증언하여 이르시되 내가 이새의 아들 다윗을 만나니 내 마음에 맞는 사람이라 내 뜻을 다 이루리라 하시더니"(행 13:22)라고 말한다. 이것은 사울이 블레셋과 전투할 때 사무엘이 오기 전에 제사를 드리자, 사무엘이 사울에게 망령되이 행하였다 하면서 "여호와께서 왕에게 명령하신 바를 왕이 지키지 아니하였으므로 여호와께서 그의 마음에 맞는 사람을 구하여 여호와께서 그를 그의 백성의 지도자로 삼으셨느니라"는 하나님의 말씀을 전할 그때 이미 하나님은 어린 다윗을 염두에 두고 계셨던 것을 의미한다. 비록 나이는 어려도 그것이 중요한 게 아니라 얼마나 하나님 마음에 합한 사람인가가 중요하다는 것이다. 사람은 몰라도 하나님은 다 알고 계신다. 나의 마음이 누구를 향하고 있는지 너무나 잘 알고 계신다. 그렇기에 하나님은 일상에서 하나님을 섬기는 사람을 지금도 찾고 계신다.

오늘 숨어 있는 다윗을 찾아내시는 하나님의 열심을 본다. 하나님은 세상 사람들이 아무리 하나님의 사람을 숨겨도 반드시 찾아내신다. 이 장면에서 우리는 비록 양치기와 같은 평범한 일일지라도 자기 일에 충실한 삶을 사는 것이 하나님의 마음에 합한 일임을 알 수 있다.

하나님의 선택은 외적인 아름다움이나 조건에 있지 않다. 언제 어디서든지 하나님을 의지하고 자기 일에 충실한 사람을 향해 있다. 아무 일도 안 일어나는 것처럼 보이는 평범한 일상은 하나님의 부름의 현장이다. 하나님은 일상에서 하나님과 교제하며 기도드리는 사람을 버리지 않으신다. 하나님은 비록 양을 지키는 작은 일일지라도 충실히 수행한 다윗을 한 나라의 왕으로 선택하셨다. 당장 왕으로서 임무를 수행할 수 있는 나이와 자격이 되지 않는다고 할지라도 하나님은 먼저 선택하고 훈련하신다. 마음이 먼저다. 기도도 마음이 먼저 일어나야 한다. 그렇지 않으면 죽은 기도가 되고 외적인 형식만 남게 된다.

하나님의 기적은
일상의 작은 곳에서 일어난다

오늘도 하나님 마음에 합한 사람은 일상에 숨어 있다. 아무도 보지 않는 상황에서도 하나님을 바라보고 자기 일에 최선을 다하는 사람이 바로 하나님의 사람의 모습이다. 우리는 일상에서 하나님과 교제하며 기도하는 다윗의 모습을 그려 볼 수 있다. 자신에게 주어진 일에 최선을 다하면서 오직 하나님을 신뢰하고 바알에게 무릎 꿇지 않은 7천 명의 모습을 그려 볼 수 있다. 호렙산으로 양을 치러가던 모세가 그날이 바로 하나님의 부름을 받는 날일 줄 알았겠는가? 제사에 참석하지 못하고 들에서 양을 지키던 다윗은 그날이 왕으로 기름 부음을 받는 날일 줄 알았겠는가?

하나님은 오늘도 일터로 향하는 수많은 그리스도인에게 동일하게 말씀하신다. "오늘이 바로 그날이 될지 아무도 모른다." 언제 어디서든지 하나님 앞에서 주어진 일에 충성한다면 우리에게도 다윗과 같은 뜻하지 않은 부름의 날이 분명히 올 것이다. 그러므로 하나님의 뜻을 사모하며, 하나님의 일에 사용되기를 원하는 마음으로 기도하면서 주어진 일에 최선을 다해야 한다. 우리 마음을 자기 유익을 위해 외적으로 드러낸 사람들에게 두기보다 하나님이 숨겨 놓은 평범한 작은 사람 다윗에게 두는 것이야말로 우리를 하나님 마음에 한 걸음 다가서게 하는 것이 아닐까?

기억하라. 하나님의 기적은 작은 곳에서 일어난다. 작고 보잘것없는 지극히 평범한 그곳이 하나님의 위대한 역사가 시작되는 장소이다. 작은 것을 무시하는 사람은 이미 하나님을 잃어버린 사람이다. 세상의 화려한 성공을 얻었을지 몰라도 하나님의 마음을 잃어버린 사울과 같은 사람이다. 인간의 힘이 커져버린 곳에서는 그만큼 하나님의 역사가 작아짐을 기억하라. 그렇다면 간단하다. 클수록 버리는 능력을 가져야 한다. 위대할수록 작아지는 모습을 회복한다면 그곳에서 하나님의 역사가 풍성해질 것이다.

　하나님이 인간을 입고 오신 위대한 사건은 사람들이 우러러보는 왕궁이나 위세 있는 가문에서 일어나지 않았다. 작은 땅 베들레헴의 마구간에서 눈이 밤사이에 소리 없이 내리듯 아주 조용하게 일어났다. 하나님의 역사는 이처럼 작은 곳에서 사람들이 눈치채지 못하게 평범한 일상에서 나타난다. 그 가운데 드린 마리아와 요셉의 기도야말로 최고의 기도가 아닐까? 그 속에서 울려 퍼진 천사들의 찬양이야말로 최고의 찬양이 아닐까? 오직 하나님만을 향해 드려지는 기도와 찬양이 그립다. 세상 속에서 외적으로 화려하게 드러나는 기도와 찬양이 아니라 믿음을 가지고 주어진 일상의 자리에서 오직 주님에게만 마음을 향하는 기도와 찬양이 요즘 들어 더욱 보고파진다.

　다윗이 양 떼를 지키면서 드렸을 찬미의 기도는 그의 마음이 어디에 있었는지를 분명히 알게 해준다.

여호와는 나의 목자시니
내게 부족함이 없으리로다.
그가 나를 푸른 풀밭에 누이시며
쉴 만한 물 가로 인도하시는도다.

내 영혼을 소생시키시고
자기 이름을 위하여 의의 길로 인도하시는도다.
내가 사망의 음침한 골짜기로 다닐지라도

해를 두려워하지 않을 것은 주께서 나와 함께하심이라.

주의 지팡이와 막대기가 나를 안위하시나이다.

주께서 내 원수의 목전에서 내게 상을 차려주시고

기름을 내 머리에 부으셨으니 내 잔이 넘치나이다.

내 평생에 선하심과 인자하심이 반드시 나를 따르리니

내가 여호와의 집에 영원히 살리로다(시 23편).

03

매 순간 삶의 현장을
기도실로 만들라

하나님에게 무엇인가를 구하는 것으로만 기도를 제한한다면
그 기도는 성경의 뜻과 거리가 멀다. 주님에게 하듯
이웃을 섬기는 일도 기도가 될 수 있다. 이것은 입으로만 하는
기도가 아니라 삶으로써 나타내는 기도를 의미한다.

예배를 뜻하는 영어 단어인 'service'는 '봉사, 섬김'이라는 의미
가 있다. 그러므로 예배란 하나님을 섬기는 일이다. 이웃을 섬기는
것 또한 예배이다. 신앙을 가지는 것은 결국 하나님과 이웃을 사랑
하기 위함이다. 하나님을 사랑하고 이웃을 사랑하는 일은 성경의 핵
심 내용이다. 이 같은 관점에서 보면 모든 경건의 삶은 크게 두 가지
측면에서 이해할 수 있다. 기도란 무엇인가? 왜 기도해야 하는가?
하나님과 이웃을 위해서다. 결코 자신을 위한 기도가 되어서는 안
된다. 자신을 위해 구할지라도 모두가 하나님과 이웃을 사랑하고 섬
기기 위함이어야 한다. 이 같은 이해를 바탕으로 기도의 자리로 나
아가야 한다.

하나님에게 무엇인가를 구하는 것으로만 기도를 제한한다면 그

기도는 성경의 뜻과 거리가 멀다. 주님에게 하듯 이웃을 섬기는 일도 기도가 될 수 있다. 이것은 입으로만 하는 기도가 아니라 삶으로써 나타내는 기도를 의미한다. 기도하는 사람은 남을 섬기는 사람이다. 다른 사람을 위해 기도하는 것은 다른 사람을 섬기는 행위에 속한다. 기도하는 사람이 되기 위해 먼저 훈련해야 할 것은 다른 사람을 잘 섬기는 일이다. 자기 이웃을 자기 몸처럼 사랑하고 섬기는 사람만이 깊은 기도의 세계로 들어갈 수 있다.

사울과 다윗의 만남

하나님이 사울에게서 떠나시자 악신이 들어갔다. 그결과 사울은 마음의 병을 얻게 되었다. 신하들은 그 병을 치료하기 위해 수금을 잘 타고 용기와 무용과 언변 있는 준수한 사람을 찾아 사울에게 데려왔다. 바로 다윗이었다. 성경은 하나님이 다윗과 함께 계셨다고 말함으로써 그가 늘 기도하는 사람이었음을 보여준다(삼상 16:18). 다윗의 소문이 왕궁에까지 난 것을 보면 자신이 맡은 일을 탁월하게 잘한 듯하다. 비록 시골의 이름 없는 양치기에 불과한 다윗이었지만 자신에게 맡겨진 일을 잘 감당하여 그 분야에서 탁월함을 드러냈다.

하나님의 영으로 감동받은 다윗은 모든 면에서 탁월했다. 악기뿐만 아니라 용기와 언변도 뛰어났다. 그가 만약 악기를 잘 연주하지 못했다면 이때 쓰임받지 못했을 것이다. 평소에 실력을 잘 연마하면 작은 것이라도 위대하게 사용될 수 있다. 다윗의 수금 연주는 사울의 악령을 떠나게 하는 힘을 가지고 있었다. 하나님으로 무장한 그만의 재능이었다. 아무리 재능이 뛰어나도 그것만으로 악한 영을 몰아낼 수는 없다. 하나님의 영이 함께하시지 않으면 불가능하다.

아마도 다윗은 수금 타는 일에 최선을 다하면서 하나님을 찬양하는 데 힘썼을 것이다. 양을 치면서 수금을 타는 다윗의 모습을 상상할 수 있다. 우리는 시편을 통해 다윗이 영감을 가지고 지은 자작시와 연주로 자신의 마음을 하나님에게 드리는 삶을 살았음을 발견할 수 있다. 재능이 하나님을 위해 사용되면 위대한 힘을 발휘한다. 악한 영을 쫓아내는 위력을 발휘한다. 다윗은 양을 치면서 틈틈이 연습한 자신의 수금 솜씨가 왕을 위로하고 악신을 떠나게 할 정도로 능력 있는 재능인지 미처 몰랐을 것이다. 그러나 하나님이 사용하시면 능히 그 일을 감당할 수 있다. 다윗은 수금뿐만 아니라 다양한 부분에서 다재다능했다. 심지어 용기도 뛰어나 후에 거인 골리앗과 정면 대결을 벌이기까지 한다.

오늘 우리도 다윗처럼 살 수 있다면 얼마나 좋을까? 어릴 때부터 주어진 삶의 현장에서 최선을 다하며 자신의 재능을 훈련해서 하나님을 위해 사용되는 것은 기쁘고 즐거운 일이다. 이를 위해서는 재능 위에 하나님의 능력이 덧입혀지도록 기도해야 한다. 하나님의 영광을 위해 자신에게 주어진 재능을 준비하고 계속 계발한다면 후에 하나님의 아름다운 도구로 사용될 것이다.

다윗의 수금 타는 능력은 사울의 번뇌를 치료하는 데 사용되었다. 또한 이를 통해 왕의 개인적인 조력자로서 역할을 감당하기에 이르렀다. 사울이 다윗을 개인적인 조력자로 삼았다는 것은 그만큼 다윗을 총애했음을 뜻한다. 왕의 무기 관리는 웬만한 사람은 맡기 힘든 임무였다. 다윗은 자신이 가진 재능을 사울을 섬기는 데 사용했다. 이처럼 우리의 재능은 섬기는 데 사용되어야 한다. 다른 사람의 유익을 구하고 돕는 데 사용되는 것이 곧 하나님의 영광을 위한 일이다.

나도 다윗처럼
살 수 없을까?

다윗이 사울을 도운 일은 결과적으로 왕의 수업을 받은 것이었다. 지금 우리가 하는 작은 일이 후에 어떻게 될지 알 수 없다. 특히 남을 섬기는 일은 매우 중요하다. 미래는 섬기는 리더의 시대이다. 많이 섬겨 본 사람만이 섬기는 리더가 될 수 있다. 리더가 되었다고 해서 갑자기 섬김을 실천할 수 있는 것이 아니다. 겉치레를 위한 섬김은 얼마든지 가능하다. 그러나 삶으로써 진정한 섬김은 선전용으로 몇 번 한다고 되는 게 아니다. 국회의원 선거 때마다 후보들은 으레 시장이나 힘들고 어려운 사람들이 사는 지역을 돌며 실천의 모범을 보인다. 이를 통해 국민을 섬기는 지도자임을 부각한다. 그러나 선거가 끝남과 동시에 섬김도 사라진다. 그렇기에 삶에 녹아든 섬김만이 진실하다. 그렇지 못하면 어색하다. 지도자가 되면 섬김을 잃어버리고 군림하는 자세로 바뀌는 것은 평소에 섬김의 훈련이 이루어지지 않았기 때문이다. 운전기사를 두고 자가용만 타고 다니던 사람이 어느 날 갑자기 지하철이나 버스를 타기란 어렵다. 시간을 들이고 불편함을 감수하면서 서민의 생활 속으로 들어가는 것은 말처럼 쉬운 일이 아니다.

평소에 많이 섬겨 본 사람만이 진정으로 남을 섬길 수 있다. 많이 섬겨 본 사람은 섬김의 현장에 직접 들어가지 않더라도 다른 사람들의 마음을 읽을 수 있는 능력이 있다. 지금 하는 이 작은 일이 미래에 훌륭한 리더가 되기 위한 자격을 갖추는 일이라고 생각한다면 즐거울 것이다. 하나님은 작은 일에 충성할 때 그 사람에게 더 많은 일을 맡기신다.

여호와 앞에서

섬김으로 인격을 다듬으라

섬김은 말로 하는 것이 아니다. 자신이 가진 재능과 은사로 하는 것이다. 그렇기에 진정으로 섬기기 위해서는 먼저 자신의 재능과 은사를 발견해야 한다. 부단히 연단하고 훈련해서 훌륭한 수준까지 끌어올리는 것이 중요하다. 재능은 자신을 위해 사용할 때보

다 하나님과 다른 사람을 위해 사용할 때 더 큰 위력을 발휘한다. 그 재능 위에 하나님의 영이 함께하시면 더욱 큰 능력이 나타난다. 나에게 주신 재능과 은사 위에 하나님의 은혜가 충만히 임하게 해달라고 기도하자. 하나님이 도와주시지 않으면 재능을 발전시킬 수 없다. 다른 사람을 치료하고, 그 영혼이 하나님에게로 향하도록 돕는 은사가 되기 위해서는 하나님의 도우심을 구하는 기도가 절대적으로 필요하다.

모세는 왜 40년 동안 왕궁에서 애굽의 왕자로 살았을까? 사실 모세는 출신 성분으로 보면 결코 애굽의 왕자가 될 수 없었다. 그런데도 하나님은 모세가 어릴 때부터 애굽 궁정에서 애굽의 지식과 문물을 익히게 하셨다. 어린 모세는 그 이유를 몰랐지만 먼 미래에 이스라엘을 구원하는 도구로 사용하시기 위함이었다. 모세가 바로왕 앞에 당당히 설 수 있었던 것은 어릴 적 경험한 애굽 왕궁생활의 역할이 컸다고 볼 수 있다. 또한 모세가 40년 동안 광야생활을 한 것은 앞으로 40년 동안 이스라엘 백성의 광야생활을 이끌기 위한 보이지 않는 준비작업이었다고 할 수 있다. 만약 모세가 자신에게 주어진 일을 충실히 감당하지 않았다면 모세는 훌륭한 지도자가 되지 못했을 것이다. 특히 40년 동안의 광야생활은 섬김의 훈련이었다. 이드로의 양을 치면서 몸에 익힌 섬김은 후에 이스라엘 백성을 섬기는 데 그대로 적용되었다.

우리는 다른 사람을 섬기는 가운데 자신의 인격을 다듬게 된다. 다윗은 사울을 섬기면서 인격을 다듬는 기회로 삼았다. 또한 섬김은 자연스럽게 기도로 이어진다. 잘 섬기기 위해서는 상대방을 사랑해야 하고, 하나님의 시각에서 바라보는 눈을 가져야 하기 때문이다. 따라서 기도의 삶이 기초가 되지 않으면 잘 섬길 수 없다. 지금의 내 작은 삶을 사랑하자. 특히 그것이 다른 사람을 섬기는 삶이라면 더욱더 그 일에 충실하자. 그 일이 나중에 나를 어떤 모습으로 만들지 아무도 모르기 때문이다. 하나님 앞에 감사하면서 주어진 일에 최선을 다하고 깊이 사랑하자.

다음과 같은 기도를 드리면서 맡은 일에 최선을 다한다면 분명히 하나님의 때에 하나님의 은혜가 임할 것이다. 다윗이 수금을 타면서 찬양했을 법한 시편의 찬송을 들어보자.

할렐루야.
그의 성소에서 하나님을 찬양하며
그의 권능의 궁창에서 그를 찬양할지어다.
그의 능하신 행동을 찬양하며
그의 지극히 위대하심을 따라 찬양할지어다.
나팔 소리로 찬양하며 비파와 수금으로 찬양할지어다.
소고 치며 춤추어 찬양하며 현악과 통소로 찬양할지어다.
큰소리 나는 제금으로 찬양하며
높은 소리 나는 제금으로 찬양할지어다.
호흡이 있는 자마다 여호와를 찬양할지어다.
할렐루야(시 150편).

04

하나님의 이름을 거룩히 여기는 기도를 하라

기도는 주님의 이름으로 구할 때 응답받는다. 능력은
하나님의 이름에 집중하는 만큼 생긴다. 능력은 하나님의
이름에 목숨을 거는 사람에게 주시는 하나님의 선물이다.

이름은 그 사람의 인격이자 전부이다. 하나님의 이름은 하나님
자신이다. 마지막에 남는 것은 이름이다. 사람은 사라지지만 이름은
남는다. 사람은 이름을 통해 후대에도 계속해 사람들의 마음속에서
살아간다. 물론 그냥 사라지는 이름이 더 많다. 반면 마음에 새겨지
는 이름도 있다. 훌륭한 사람은 그 이름만 들어도 가슴이 설레며 감
동이 절로 온다. 사랑하는 사람의 이름은 아무리 불러도 지겹지 않
다. 사람은 이름에 살고 이름에 죽는다. 어쩌다 우리의 이름이 모욕
을 당하면 참지 못한다. 심지어 이름이 땅에 떨어지면 더 이상 살 가
치가 없다고 생각하며 목숨을 끊는 사람도 있다. 사람들은 자기 이
름을 드러내려고 애쓴다. 이름이 없으면 죽은 사람과 같다. 그리스
도인이 된 순간 우리는 이름이 없다. 옛사람이 죽고 새사람이 된 우

리의 이름은 그리스도인이다. 그리스도인은 영원토록 하나님의 이름을 위해 사는 존재이다.

하나님의 이름을 경외하는 것이
지혜이자 힘이다

사무엘상 17~18장은 다윗을 주인공으로 한 전쟁과 사랑 이야기다. 특히 17장에는 누구나 잘 알고 있는 다윗과 골리앗의 이야기가 실려 있다. 소년 다윗이 거인 골리앗을 물리친 이 이야기는 지금도 "작은 고추가 맵다"는 예로 자주 사용된다.

골리앗은 신장이 약 3미터나 되는 거인에 무게가 약 64킬로그램이나 되는 갑옷과 무기로 무장한 가공할 만한 위력의 인물이었다. 소년 다윗의 힘으로는 도저히 이길 수 없는 상대임에 틀림없었다. 이스라엘 군대 중에는 누구도 그를 상대할 만한 인물이 없었다. 이스라엘 군사들은 골리앗을 보고 모두 두려워하며 도망가기에 바빴다. 골리앗이 40일 동안이나 거드름을 피우는 내내 이스라엘 군대는 잔뜩 주눅만 들었다.

다윗은 양을 치던 중 아버지의 심부름으로 전쟁터에 들렀다가 우연히 골리앗의 거만한 모습을 보았다. 다윗은 의분을 참을 수 없었다. "이 할례받지 않은 블레셋 사람이 누구이기에 살아 계시는 하나님의 군대를 모욕하겠느냐." 이 말을 들은 형 엘리압은 다윗에게

화를 내면서 "네가 전쟁을 구경하러 왔도다"라고 말했다. 그러나 다 윗의 눈에는 골리앗이 하나님을 모욕하는 사람으로 보였다. 자신이 양을 치면서 사자와 싸울 때 함께하신 하나님의 역사가 골리앗과의 싸움에서도 함께하실 줄 믿었다.

다윗은 전쟁에 관한 아무런 지식도 없는 그야말로 전쟁 문외한 이었다. 그러나 그의 눈에 비친 전쟁의 모습은 군인들의 생각과는 달랐다. 그래서 하나님을 모욕하는 골리앗에게 당당히 도전했다. 그 가 가진 것은 병기가 아니라 양을 칠 때 사용하던 막대기와 시냇가 에서 고른 매끄러운 돌 다섯 개가 전부였다. 다윗은 골리앗 앞에 서 서 자신 있게 외쳤다. "너는 칼과 창과 단창으로 내게 나아 오거니와 나는 만군의 여호와의 이름 곧 네가 모욕하는 이스라엘 군대의 하나 님의 이름으로 네게 나아가노라." 그러고는 물매로 돌을 던져 골리 앗의 이마를 쳐서 죽였다. 다윗은 철저히 하나님만을 의지한 채 하 나님의 힘으로 골리앗을 무너뜨렸다. 기적이 일어난 것이다. 그가 평소에 갈고닦은 물매질 실력과 하나님이 함께하신다는 믿음이 만 든 작품이었다.

우리는 다윗의 용맹스러움을 보면서 이것이 전적으로 하나님으 로부터 온 힘임을 알 수 있다. 하나님에게 집중한 다윗에게 주어진 하나님의 능력이었다. 반면 하나님이 아니라 거대한 골리앗에게 집 중한 이스라엘 군대는 겁을 먹고 아무런 힘도 발휘하지 못했다.

오직 하나님에게만
집중하는 기도

기도란 무엇인가? 하나님에게 집중하는 일이다. 누가 깊은 기도에 들어갈 수 있는가? 오직 주님만 바라보면서 주님에게 집중하는 사람이다. 근본에 집중하는 것이 기도이다. 근본은 하나님이시다. 온 마음과 정성을 다해 근본이신 하나님에게 집중하는 기도가 위력을 발휘한다. 얼마나 집중하느냐에 따라 하나님이 부어주시는 능력의 크기가 결정된다.

종교개혁자 마틴 루터가 강아지에게 고기 한 점을 주려 하자, 강아지는 입을 크게 벌리고 주인이 주려는 고깃덩어리를 올려다보며 두 눈을 반짝였다. 이 모습을 본 루터는 큰 깨달음을 얻었다. "이 강아지가 고기를 보는 것처럼 나도 그렇게 하나님에게 기도할 수 있다면 좋겠다. 이 강아지의 생각은 오직 한 조각의 고기만을 향하고 있다. 다른 잡념이나 대상에 관해서는 전혀 생각하지 않는다." 이처럼 우리도 하나님에게만 집중한다면 우리가 생각하는 이상의 것을 얻을 수 있다. 하나님이 그분께만 집중하는 우리에게 복을 주시지 않을 리 없기 때문이다. 그로 인해 하나님의 능력을 받아 누리게 될 것은 너무나 당연한 일이다.

하나님에게 집중하되 그저 '하나님'이라는 단어에만 집중하기보다 하나님의 성품과 그 이름에 집중하면 좀 더 거대한 힘을 발휘할 수 있다. 하나님은 그 이름에 관심을 갖고 계시며, 언제나 그 이름을 위해 일하신다. 누가 하나님의 일을 하는가? 하나님의 이름을 위해 자신의 목숨을 거는 사람이다. 그 대표적인 사람이 바로 시골뜨기 목동 다윗이었다. 골리앗과의 전투는 하나님의 이름을 두고 벌인 전쟁이었다.

이스라엘 군사들은 골리앗에 의해 하나님의 거룩한 이름이 모욕당하고 있는 상황에서도 누구 하나 감히 나서지 못했다. 하나님의 이름에 대한 경외심이 적었기 때문이다. 하나님의 성품에 대한 인식이 분명하지 못했기에 그대로 당하고만 있었던 것이다. 반면 다윗은 하나님의 이름을 모욕하는 골리앗을 가만히 두고 볼 수 없었다. 하나님에 대한 열정을 가졌던 다윗에게 골리앗은 그냥 지나칠 수 없는 존재였다. 다윗은 정식으로 전쟁에 참여한 것이 아니라 아버지의 심부름을 온 처지였다. 그런데도 그 상황에서 그냥 집으로 돌아갈 수 없었다. 물맷돌을 들고 골리앗 앞에 나서는 다윗의 마음에는 하나님에 대한 열망이 타오르고 있었음이 분명하다. 그렇지 않고서야 어떻게 골리앗 앞에 담대히 나아갈 수 있었겠는가?

다윗은 분명한 믿음을 가지고 골리앗 앞에 나섰다. "네가 모욕하는 이스라엘 군대의 하나님의 이름으로 네게 나아가노라. 오늘 여호와께서 너를 내 손에 넘기시리니…. 전쟁은 여호와께 속한 것인즉 그가 너희를 우리 손에 넘기시리라"(삼상 17:45-47). 하나님의 이름은 다윗을 적진으로 향하게 만들었다. 기도는 주님의 이름으로 구할 때 응답받는다. 이 사실은 기도가 하나님의 이름에 대한 확신과 그 인격에 대한 믿음과 관련 있음을 의미한다. 능력은 하나님의 이름에 집중하는 만큼 생긴다. 능력은 하나님의 이름에 목숨을 거는 사람에게 주시는 하나님의 선물이다.

절대적인 믿음이
절대적인 삶을 살게 한다

시편 139편에 기록된 다윗의 기도는 물맷돌 하나로 골리앗을 쓰러뜨린 뒤 모든 영광을 하나님께 올려드리는 내용으로 가득 차 있다. 다윗은 어떻게 골리앗 앞에 담대히 나아갈 수 있었을까? 하나님 앞에서 자신이 누구인지를 알았기 때문이다. 시편 139편은 하나님께서 자신을 귀하게 여기고 돌봐주신다는 사실을 다윗이 분명히 믿었음을 보여준다. 우리도 이 같은 신앙을 가진다면 어떤 어려운 상황에서도 담대히 전진할 수 있다. 동일한 하나님 앞에서 다윗과 우리의 존재 인식에는 어떤 차이점이 있는지 시편 139편을 읽으면서 비교해보자.

여호와여 주께서 나를 살펴보셨으므로 나를 아시나이다.
주께서 내가 앉고 일어섬을 아시고
멀리서도 나의 생각을 밝히 아시오며
나의 모든 길과 내가 눕는 것을 살펴보셨으므로
나의 모든 행위를 익히 아시오니

여호와여 내 혀의 말을 알지 못하시는 것이

하나도 없으시니이다.

주께서 나의 앞뒤를 둘러싸시고 내게 안수하셨나이다.

이 지식이 내게 너무 기이하니

높아서 내가 능히 미치지 못하나이다.

내가 주의 영을 떠나 어디로 가며

주의 앞에서 어디로 피하리이까.

내가 하늘에 올라갈지라도 거기 계시며

스올에 내 자리를 펼지라도 거기 계시니이다.

내가 새벽 날개를 치며 바다 끝에 가서 거주할지라도

거기서도 주의 손이 나를 인도하시며

주의 오른손이 나를 붙드시리이다.

내가 혹시 말하기를 흑암이 반드시 나를 덮고

나를 두른 빛은 밤이 되리라 할지라도

주에게서는 흑암이 숨기지 못하며

밤이 낮과 같이 비추이나니

주에게는 흑암과 빛이 같음이니이다.

주께서 내 내장을 지으시며

나의 모태에서 나를 만드셨나이다.

내가 주께 감사하옴은 나를 지으심이 심히 기묘하심이라.

주께서 하시는 일이 기이함을 내 영혼이 잘 아나이다.

내가 은밀한 데서 지음을 받고

땅의 깊은 곳에서 기이하게 지음을 받은 때에

나의 형체가 주의 앞에 숨겨지지 못하였나이다.

내 형질이 이루어지기 전에 주의 눈이 보셨으며

나를 위하여 정한 날이 하루도 되기 전에

주의 책에 다 기록이 되었나이다.

하나님이여 주의 생각이 내게 어찌 그리 보배로우신지요.

그 수가 어찌 그리 많은지요.

내가 세려고 할지라도 그 수가 모래보다 많도소이다.

내가 깰 때에도 여전히 주와 함께 있나이다.

하나님이여 주께서 반드시 악인을 죽이시리이다.

피 흘리기를 즐기는 자들아 나를 떠날지어다.

그들이 주를 대하여 악하게 말하며

주의 원수들이 주의 이름으로 헛되이 맹세하나이다.

여호와여 내가 주를 미워하는 자들을 미워하지 아니하오며

주를 치러 일어나는 자들을 미워하지 아니하나이까.

내가 그들을 심히 미워하니 그들은 나의 원수들이니이다.

하나님이여 나를 살피사 내 마음을 아시며

나를 시험하사 내 뜻을 아옵소서.

내게 무슨 악한 행위가 있나 보시고

나를 영원한 길로 인도하소서(시 139편).

　　사실 다윗과 골리앗의 싸움은 이름 때문에 벌어진 싸움이었다. 골리앗은 자기 앞으로 다가오는 다윗을 향해 자기 신들의 이름으로 저주했다. 반면 다윗은 골리앗이 저주한 하나님의 이름으로 승리를 이끌었다. 세상이 비난하고 모욕하는 그 이름 예수 그리스도가 믿는 자에게는 구원이요, 믿지 않는 자에게는 멸망이 된다. 우리는 주님 이름의 능력을 얼마나 과소평가하는가? 이미 주님의 이름을 가졌으면서도 두려워 떤 이스라엘 군대처럼 우리도 세상에서 주님 이름의 능력을 믿지 못하는 경우가 많다. 그토록 많은 기도의 시간을 바치면서도 하나님의 이름보다 자신의 이름에 더 집중하는 것은 나의 기도가 향하는 방향이 수정되어야 함을 의미한다.

하나님의 이름을 위해서?
나의 이름을 위해서?

　　　　사람들은 어쩌다가 자기 이름이 모욕당하면 가만히 있지 않는다. 명예훼손죄로 고소하겠다며 난리를 떤다. 그만큼 이름은 중요하다. 이름은 그 사람의 인격이자 전부이다. 그런데 나의 이름에 대해서는 이처럼 민감하게 반응하며, 당장 무슨 일이라도 낼 듯이 덤벼들면서도 정작 하나님의 이름이 모욕당할 때는 가만히 있는 경우가 얼마나 많은가? 나에게는 하나님의 이름에 대한 사모함이 얼마나 있는가? 비록 나는 무시당할지라도 하나님의 이름이 땅에 떨어지거나 세상과 사람들에게 모욕당하는 것을 가슴 아파하는 사람이 기도하는 성도이다. 우리가 진실로 하나님의 이름을 두고 기도한다면 당연히 이 같은 일에 가만히 있어서는 안 된다. 다윗처럼 일어나야 한다.

한국교회의 위상이 추락하는 것은, 달리 말하면 하나님의 이름이 모욕당하는 것이다. 교회와 그리스도인이 세상으로부터 비난받을 일을 하지 말아야 하는 이유는 바로 하나님의 이름 때문이다. 그런데도 우리는 얼마나 쉽게 이 같은 일을 저지르는가? 교회 안에서 일어나는 온갖 다툼과 분열은 하나님의 이름을 더럽힌다. 자기 유익보다 하나님의 이름을 생각한다면 해결점이 보일 것이다.

하지만 해결이 쉽지 않은 것은 깊은 기도에 이르지 못한 결과라고 할 수 있다. 하나님의 이름이 모욕당할지언정 자기는 손해 보지 않겠다는 생각이 앞서는 순간, 상식을 무시하고 눈살 찌푸리는 일을 쉽게 행하게 된다. 그것도 기도하면서 말이다. 우리는 주기도문의 내용을 알고 있다. "하늘에 계신 우리 아버지여 이름이 거룩히 여김을 받으시오며." 이것은 기도에서 참으로 중요한 요소이다. 나의 이름보다 하나님의 이름에 우선을 두는 기도가 하나님이 원하시는 기도이다. 이 같은 기도를 한다면 우리의 기도 방향이 많이 달라질 것이다. 항상 하나님의 이름을 생각하면서 모든 일을 진행할 것이다.

전쟁은 하나님에게 속한 것이다. 지금 다윗이 싸우는 것은 하나님의 이름 때문이다. 지금 나는 무엇 때문에 나의 주장을 굽히지 않고 있는가? 하나님의 이름 때문인가, 아니면 나의 이름 때문인가? 하나님의 이름에 무감각한 이스라엘 군대와 달리 하나님의 이름에 자신의 모든 것을 건 다윗의 행동은 현대 그리스도인이 본받아야 할 모습이다. 기도에 집중하면 할수록 하나님의 이름이 높아진다. 하나님은 이 같은 사람에게 능력을 주셔서 골리앗을 무찌르게 하신다. 이제라도 이 같은 기도를 해보자. 하나님의 이름을 높이기 위한 기도에 집중하고, 그 기도대로 행동할 때 그 속에 하나님이 함께하신다.

아무리 열심히 기도해도 하나님은 결코 나를 위해 역사하지 않으신다. 하나님은 그분의 이름을 위해 모든 일을 진행하시고 표적을 일으키신다. 이 사실을 안다면 이제라도 우리의 기도와 행동은 하나님의 이름을 위한 것이 되어야 한다. 하나님의 이름이 업신여김당하는 모습을 보면 도저히 가만히 있을 수 없어 위험을 감수하고라도 자신을 던지는 믿음을 달라고 기도해야 한다.

나는 다윗이 너무나도 부럽다. 그를 바라보시는 하나님의 마음은 얼마나 기쁘실까? 세상이 자랑하는 아무리 강력한 무기가 있다고 한들 하나님의 이름보다 더 강력하겠는가? 하나님의 이름이야말로 이 세상 모든 것을 이길 수 있는 최강의 무기이다. 기도를 통해 이 같은 사실을 깨닫는다면 이보다 더 큰 수확은 없을 것이다.

05

하나님은 기도하는 사람을
외면하지 않으신다

기도의 끈을 놓지 않고 하나님과 소통한다면
우리를 눈동자같이 보호하실 것이다.
하나님은 기도하는 사람을 외면하지 않으신다.

기도하는 사람은 하나님에게도 사랑받지만 사람에게도 사랑받는다는 특징이 있다. 하나님과의 관계가 좋은 사람은 당연히 이웃과의 관계도 좋아진다. 이것은 분리될 수 없다. 만약 하나님을 사랑하노라 하면서도 형제를 사랑하지 않는다면 그 사랑은 거짓이다. 이것은 성경 전반에 나타나는 일관된 주장이다. 초대교회는 기도하는 공동체였다. 그들은 사도들의 가르침을 받아 서로 교제하며 떡을 떼고 오직 기도하기에 힘썼다. 이 같은 교회의 모습은 하나님뿐만 아니라 온 백성에게도 칭송을 받는 결과로 나타났다. 자연적으로 교회 성장이 일어났음은 두말할 나위가 없다.

기도는 관계를 좋게 한다

다윗은 하나님과의 관계뿐만 아니라 이웃과의 관계에서도 좋은 사람이었다. 즉 그는 참된 기도의 사람이었다. 누군가가 참된 기도의 사람인지 확인하기 위해서는 하나님과의 관계뿐만 아니라 이웃과의 관계를 보면 알 수 있다. 다윗은 사울의 시기로 연거푸 죽을 위기를 맞았다. 그러나 그때마다 사울의 아들 요나단과 딸 미갈까지 나서서 다윗을 도와주었다. 특히 요나단은 아버지 사울과 친구 다윗 사이의 갈등 속에서 다윗을 선택하고, 자기 생명처럼 아끼면서 도와주었다. 요나단은 사울의 후계자로 왕권을 이을 위치에 있었음에도 자기 겉옷과 군복, 칼과 활과 띠를 기꺼이 다윗에게 주었다. 자신이 아니라 다윗이 사울의 뒤를 이어 왕이 될 사람임을 인정한 것이다. 다윗과 요나단의 이야기를 읽으면 눈물겹도록 아름답다. 어떻게 하면 우리도 이 같은 우정을 나눌 수 있을까? 다윗과 요나단의 우정은 감정이나 이익에 의한 것이 아니라 언약에 의한 우정이었다.

사울은 다윗을 죽이기 위한 계략을 세우고, 자신의 딸인 미갈과 결혼시킨다. 지참금 대신 블레셋 사람의 포피 일백 개를 바치게 함으로써 블레셋 사람들에게 죽임당하게 하려는 의도였다. 하지만 결과는 정반대로 나타났다. 다윗의 용맹이 만천하에 드러났고, 미갈도 다윗을 더욱 사랑하게 되었다. 사울이 이번에는 자객을 보내 다윗을 죽이려고 하자 미갈은 아버지를 속이고 다윗을 살려준다. 사울은 다윗을 사랑하면서도 한편으론 미워하는 이중적인 태도를 보인다. 하나님이 함께하시는 다윗의 모습은 사람들이 그를 사랑할 수밖에 없게 만들었다. 특별히 다윗이 별다른 노력을 하지 않았음에도 사울의 자식인 요나단과 미갈까지 다윗을 자발적으로 도왔다. 그뿐만 아니라 백성과 사울의 신하들조차 다윗을 신뢰하고 합당한 자로 여겼다.

사울은 다윗을 시기한 나머지 두 번이나 창을 던져 죽이려고 했다. 그때마다 하나님이 다윗을 도와주셔서 위기를 넘길 수 있었다. 사울은 다윗의 인기가 갈수록 높아지자 그 지위를 강등시켰다. 자기 곁을 떠나게 했지만 오히려 다윗은 백성들에게 더 큰 사랑을 받았다. 사울이 다윗을 시기하면 할수록 다윗은 하나님에게 사랑받았고, 사람들에게도 사랑받았다. 사울이 다윗을 죽이려고 온갖 음모를 꾸며도 다윗은 하나님이 살려주심으로써 위기를 벗어났다. 사울은 하나님이 함께하시는 사람 다윗을 도저히 이길 수 없었다.

사울이 다윗을 죽이려고 안간힘을 쓰는 동안에도 다윗은 자신의 일에 충실했다. 사울을 위해 음악을 연주했고, 블레셋과 싸웠으며, 또 결혼도 했다. 모두 다윗을 노린 음모였지만 개의치 않고 주어진 일에 충실했다. 사울은 다윗에게만 집착하면서 오직 그를 죽이는 일에 매달렸다. 나랏일은 거의 손을 놓다시피 한 채 다윗을 죽이기에 혈안이 되었다. 그러나 다윗은 오히려 자신을 죽이려는 사울을 사랑하며 자신에게 주어진 일에 충실했다. 다윗은 언제 어디서든지 기도에 충실했다. 늘 하나님과 같이하는 시간을 보냈다. 다윗은 상황이 어려울수록 더욱 하나님을 의지했고 모든 일을 하나님께 맡겼다. 그 결과 하나님은 위기의 순간마다 다윗을 도우셨고, 주위 사람들을 움직여 다윗을 보호하셨다.

한번은 사울이 라마로 도피한 다윗을 죽이기 위해 전령들을 보냈다. 그러나 다윗을 잡으려 세 번에 걸쳐 보낸 전령들은 하나같이 하나님의 영에 사로잡혀 예언했다. 도저히 안 되겠다고 생각한 사울은 직접 다윗을 잡기 위해 라마 나욧을 찾아갔다. 그러자 이번에는 하나님의 영이 사울에게 임하여 사울이 예언하는 일이 발생했다. 사울은 벌거벗은 몸으로 사무엘 앞에서 예언하며 하루 밤낮을 누워 있었다. 인간의 힘으로 아무리 해도 안 되는 사울의 모습을 보면서 안쓰럽기까지 하다. 생각해보라. 다윗은 잡지도 못한 채 벌거벗은 몸으로 누워 예언을 하고 있으니…. 하나님이 보호하시는 사람을 잡는다는 것부터가 무모한 도전이었다. 사울은 이 사실을 알지 못했다.

기도하는 사람을
이길 수는 없다

아무리 노력해도 하나님과 교제하는 사람을 당할 순 없다. 하나님이 친히 보호하시는 사람은 어디를 가든지 형통하다. 이 사실을 모르는 사람들은 기도하는 사람에게 도전장을 내민다. 그들은 이것이 얼마나 무모한 일인지 모른다. 우리는 항상 하나님과 교제하는 다윗을 보면서 새로운 도전을 받는다. 기도한다는 것은 무엇을 의미하는가? 하나님과 항상 동행함을 의미한다. 기도의 끈을 놓지 않고 하나님과 소통한다면 우리를 눈동자같이 보호하실 것이다. 하나님은 기도하는 사람을 외면하지 않으신다.

사무엘상 18~20장에는 다윗을 돕는 요나단과 미갈, 하나님의 이야기가 연이어 나온다. 하나님은 어떻게 우리를 도우시는가? 다윗의 이야기가 우리에게 잘 가르쳐주고 있다. 때로는 사람을 통해, 때로는 하나님이 직접 영으로 나타나셔서 하나님의 사람을 도우신다. 사울은 오직 다윗에게 향해 있다. 그것도 사랑이 아닌 미움으로 가득 차 있다. 반면 다윗은 하나님을 향해 있다. 무엇을 하든지 주께 하듯 한다. 이것이 곧 기도하는 삶이다. 언제 어디서나 하나님을 바라보면서 살아간다면 하나님은 결코 그 사람을 외면하지 않으신다.

다윗은 어려움이 닥칠 때마다 다음과 같이 찬송하며 믿음으로 기도했다. 구원의 능력이 내가 아니라 하나님께 있기에 위기 때는 마땅히 하나님에게 기도해야 한다.

나의 방패는 마음이 정직한 자를
구원하시는 하나님께 있도다(시 7:10).

하나님이여 나를 지켜주소서.
내가 주께 피하나이다.
내가 여호와께 아뢰되 주는 나의 주님이시오니
주밖에는 나의 복이 없다 하였나이다(시 16:1-2).

내가 여호와를 항상 내 앞에 모심이여

그가 나의 오른쪽에 계시므로

내가 흔들리지 아니하리로다.

이러므로 나의 마음이 기쁘고 나의 영도 즐거워하며

내 육체도 안전히 살리니(시 16:8-9).

하나님의 손에 달린 인생

나는 오래전에 죽을 뻔한 경험을 한 적이 있다. 기도원을 운영하는 목사이자 친구인 초등학교 동창을 만나러 갔다가 한밤중에 좁은 길에서 자동차 바퀴가 걸려 차가 전복되는 사고를 당했다. 캄캄한 어둠 속에 차가 뒤집히는 순간 '아, 이렇게 죽음을 맞는구나' 라는 생각과 함께 아내와 자녀, 같이 사역했던 동역자들, 가르치는 학생들, 교인들의 모습이 빠르게 스쳐 지나갔다. "이제 겨우 오십인데…. 주님, 조금 아섭습니다. 조금 더 주님의 일을 해야 되는데요"라면서 살려달라고 기도했다. 칠흑같이 어두운 겨울밤에 어디로 떨어지는지도 모른 채 차가 구르는 것을 느꼈다. 차가 바닥에 완전히 내동댕이쳐지려는 순간 "이제 죽는군요. 주님, 저를 받아주세요!" 하고 눈을 감았다. 순간 "꽝!" 소리가 아니라 "퍽!" 소리가 났다. 나중에 안 사실이지만 개울가 바위에 떨어진 게 아니라 논바닥에 떨어진 것이었다. 그것도 전날 비가 와서 땅바닥이 얼어 있지 않고 질퍽한 상태였다.

정신을 차린 후에야 안전벨트에 거꾸로 매달려 있는 나 자신을 발견했다. 안전벨트의 위력을 새삼 느꼈다. 식사하고 잠시 이동하는 가까운 거리였기에 안전벨트를 매지 않을 수도 있었는데, 맨 것이 천만다행이었다. 질퍽한 논바닥과 습관처럼 맨 안전벨트가 나를 살렸다. 물론 하나님이 도와주신 것이다. 이제 살았다 싶어 몸을 추스르고 보니 너무나 신기하게도 좁은 차 안에서 머리와 몸 어느 한 군데도 부딪힌 데 없이 기적적으로 몸만 거꾸로 대롱대롱 매달려 있었다. 마치 놀이기구에 탄 것처럼. 차 문이 찌그러져 열리지 않아 차창을 통해 간신히 빠져나왔다.

어두운 시골 밤길에서 뒤집힌 차를 보고 사람들이 모여들었다. 어느새 견인차까지 달려왔다. 차는 완전히 찌그러진 탓에 폐차시켜야 했다. 그래도 병원에 가 봐야 하지 않겠느냐는 권유를 뒤로하고 친구와 같이 기도원으로 올라갔다. 그리고 아마 여태까지 살아오는 동안에 가장 깨끗한 감사의 기도를 드린 것 같다. "하나님, 감사합니다. 주님의 은혜를 찬송합니다. 아직도 주님의 종이 할 일이 남은 것 같습니다. 하나님을 찬양합니다."

지금도 놀라운 표정으로 나를 쳐다보던 사람들의 얼굴이 생생하다. 그 상황에서 살아난 것과 어디 한군데 다치지 않은 것은 전적으로 하나님의 은혜였다. 그 정도면 병원에 가서 엑스레이 촬영이나 진찰 한 번 받아야 하는 게 당연한데, 아예 병원에 가지 않고도 지금까지 건강하게 지내고 있는 것은 전적으로 하나님의 구원하심이었다. 다니엘의 세 친구가 풀무불 속에서도 머리털 하나 상하지 않고 건짐을 받은 것처럼 나에게도 이 같은 기적적인 구원의 은혜를 베푸신 것은 인생에서 큰 체험이었다. 더욱더 주님의 일에 매진하라는 메시지로 받아들이고 있다. 지금도 그때의 상황을 생각하면 아찔하다. 생각해보면 그때부터의 삶은 덤으로 사는 인생이었다.

사람이 죽고 사는 일은 전적으로 하나님의 손에 달려 있다. 하나님이 보호하시면 어떤 상황에서도 살 수 있다. 그런 의미에서 먼저 그 나라와 의를 구하는 마음을 가지고 인생을 살아가는 것이 중요하다. 그러면 모든 것을 더해주신다. 하나님의 마음에 합한 모습으로 항상 주님과 교통하는 사람에게는 하나님의 보호하심이 있다. 하나님의 보호하심의 방법은 참으로 다양하다. 사람을 통해, 환경을 통해, 아니면 하나님이 직접 개입하셔서 구원의 역사를 이루신다. 우리가 왜 기도의 끈을 놓지 말아야 하는지 그 이유는 자명하다. 우리는 하나님의 도우심을 받지 않고는 한순간도 살아갈 수 없기 때문이다. 나의 코에 생기를 불어넣으시는 분은 하나님이시다. 그런데도 세상 사람들은 마치 자기 힘으로 살아가는 것처럼 착각한다.

우리 몸의 어느 한 부분이라도 고장이 나면 움직이지 못하는 신세가 됨에도 사람들은 그저 건강하다는 이유 하나만으로 하나님을 거부하고 부정하려는 경우가 있다. 생각할수록 어리석기 그지없다. 은혜로 주시는 하늘의 공기를 마시고 그 힘으로 인간이 살아가듯 그리스도인은 하나님과 교제하는 기도를 통해 하루하루를 살아가야 한다. 그리고 그 힘으로 어려운 문제들을 극복해야 한다. 고난과 환난 날에만 하나님의 도우심이 필요한 게 아니다. 일상에서 하나님과의 교제가 이어져야 한다. 환난은 언제 어디서 닥쳐올지 모르기 때문이다.

오늘 하루도 기도로 시작하자. 운전하든지 걸을 때든지, 일을 시작하든지 잠을 잘 때든지 간에 무엇을 하든지 기도로 시작하자. 언제 어디서든지 하나님의 보호하심이 없으면 아무것도 이룰 수 없다. 하나님을 우리의 생각에서 떠나게 해서는 안 된다. 기도는 마치 차를 탈 때 매는 안전벨트와 같다. 기도는 나를 안전하게 지켜주는 영적 안전벨트이다.

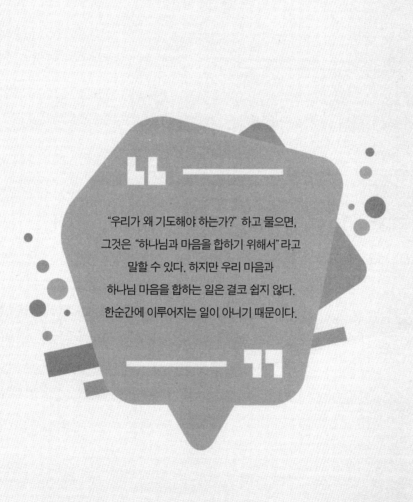

"우리가 왜 기도해야 하는가?" 하고 물으면,
그것은 "하나님과 마음을 합하기 위해서"라고
말할 수 있다. 하지만 우리 마음과
하나님 마음을 합하는 일은 결코 쉽지 않다.
한순간에 이루어지는 일이 아니기 때문이다.

PART 2

기도로 인격을
다듬은 다윗

01

악인에 대한 심판은
하나님께 맡기라

애매한 고난과 어려움을 당할 때 이길 수 있는
유일한 길은 기도이다. 기도 외에 다른 어떤 것도
도움이 되지 못한다. 이때야말로 기도가 필요한 시간이다.

인생을 살다 보면 여러 가지 이유로 코너에 몰리는 경우가 있다. 그로 인해 주변 사람들은 떠나가고 혼자만 남는 상황에서 말할 수 없는 고통을 느낀다. 이처럼 아주 절박한 처지에 이르면 그동안 지켰던 체면도 버리게 된다. 일단 살고 봐야 한다는 생각에 어떤 일이든 하게 된다. 길거리 노점상부터 신문이나 우유 배달, 지하철에서 물건을 파는 일에 이르기까지 가리지 않는다. 낮아질수록 저절로 가난한 사람들과 함께하게 된다. 하루하루 먹고살기도 힘든 사람들 틈에서 인생을 배우고, 그들과 어울려 살아가게 된다. 당신은 언제 이런 삶을 산 적이 있는가? 인생의 밑바닥을 경험하게 되면 스스로 낮아지는 법을 배우게 된다. 그 가운데 하나님의 은혜와 도움의 손길을 경험하게 된다.

광야가 최고의 피난처다

이제 다윗이 사울을 피해 갈 곳은 광야밖에 없었다. 광야만이 다윗을 지켜줄 유일한 곳이었다. 다윗이 광야에서 첫 번째로 숨어들어 간 곳은 놉이었다. 다윗은 사울이 자신을 죽이려고 한다는 사실을 깨닫고 그를 피해 도망쳤다. 그동안 함께했던 사람들과 이제 더는 함께할 수 없는 상황이 되었다. 다윗은 혼자 남게 되었고 외로운 도망자 신세가 되었다. 이 같은 상황에서 찾아간 사람이 놉에 있는 제사장 아히멜렉이었다. 제사장은 사람들이 어려울 때 찾아가는 마지막 대상이다.

사무엘상 21장 1절에 보면 아히멜렉이 다윗을 영접하며 하는 말이 인상적이다. "어찌하여 네가 홀로 있고 함께하는 자가 아무도 없느냐?" 아히멜렉은 혼자 남은 다윗을 보고 불쌍히 여겼던 것 같다. 그래서 다윗에게 제사장이 먹는 진설병을 주어 허기를 채우게 했다. 아히멜렉의 행동은 일단 사람을 살리고 보자는 긍휼에서 나온 것이었다. 사실 제사장만이 먹을 수 있는 떡을 다윗에게 주기란 결코 쉽지 않았을 것이다. 그러나 레위기의 법보다 더 중요한 것은 사람을 살리는 일이었다. 이 같은 근거 아래 아히멜렉은 하나님의 뜻에 대해 나름대로 확신이 있었던 것 같다.

사람은 다른 사람들과 함께하기를 원한다. 사람은 사회적인 동물이기에 혼자 살아갈 수 없다. 그래서 늘 사람들과 어울리려 하고, 많은 사람이 모인 곳을 좋아한다. 가능한 한 사람들을 자기 주위에 모이게 만들려 하고, 인맥을 형성해 그 속에서 힘을 부여받고자 한다. 많은 사람이 모이는 곳에 가면 왠지 힘이 난다. 그들이 나를 지탱해주는 힘같이 느껴지기 때문이다. 든든한 후원자가 많으면 눈에 보이는 결과가 없어도 무엇인가 이룬 것 같은 생각이 든다. 이처럼 사람은 누구나 사람들 속에 함께 있는 것을 즐겨한다. 경기장에 모인 수많은 관중 속에서 같이 응원하면 하나 된 느낌에 사로잡혀 기분이 고조된다. 이 기분을 아는 사람은 틈틈이 경기장을 찾아 응원의 재미를 만끽한다. 콘서트장에 모여 같이 노래하면서 환호하는 것도 이 같은 즐거움이 있기 때문이다.

그러나 신앙적인 측면에선 한 가지 주의할 점이 있다. 사람이 많이 모인 곳에서는 하나님에 대한 인식이 희미해지기 쉽다는 사실이다. 종종 많은 사람이 모인 곳에서 하나님의 임재를 더 강하게 느낄수 있다고 생각하는 경우가 있다. 하지만 이것은 오해의 소지가 많다. 이름도 모르는 불특정 다수의 사람은 어쩌면 나와 그리 상관없을 수도 있기 때문이다. 엄밀히 말하면 잠깐은 함께하지만 늘 함께하지는 못한다. 그러므로 그 분위기에 너무 매료되어서는 안 된다. 자칫하면 본질을 잊어버리기 쉽다. 그런데도 많은 사람이 이 함정에 빠진다. 내 주위에 아무리 많은 사람이 있어도 나와 늘 함께하는 두세 명의 가족과 비교할 수는 없다. 결코 착각해서는 안 된다.

이 사실을 모르고 가족을 내팽개친 채 밖으로만 돌아다니는 사람들이 있다. 혼자 있다는 것은 인간적으로 보면 초라하고 불쌍한 모습이지만 영적으로 보면 하나님과 함께할 수 있는 최적의 기회이다. 이처럼 하나님께서 다윗을 혼자 남게 하신 이유는 하나님과 더 친밀한 관계를 갖도록 하시기 위함이다. 그때 아히멜렉이 다윗에게 은혜를 베풀었다. 생각해보면 특별한 은혜요, 아히멜렉에게는 위험을 감수한 베풂이었다. 홀로 남았을 때만이 가능한 일이었다. 많은 사람과 함께할 때는 이 같은 은혜가 임하기 어렵다.

주님과 가장 친밀한 순간은
홀로 있을 때다

기도란 무엇인가? 홀로 하나님과 만나는 것이다. 하나님과 독대하는 시간이다. 때로 많은 사람과 같이하는 기도의 시간도 필요하다. 이때 느껴지는 영적인 힘이 분명히 있다. 그러나 기억할 것이 있다. 두세 사람이 모인 곳에 주님이 함께하시지만, 그렇다고 단순히 많은 사람이 모인 곳에 늘 함께하시는 것은 아니라는 사실이다. 오직 모인 사람이 한마음이 되었을 때 그 자리에 우리 주님이 함께하신다.

하지만 두세 사람의 마음이 하나 된다는 게 결코 쉬운 일은 아니다. 생각해보라. 부부도 마음이 하나 되는 일이 어려운데, 수백, 수천의 마음이 하나 된다는 게 어찌 그리 쉬운 일이겠는가? 하나님은 단순히 많은 사람이 기도하기 때문에 응답하시는 게 아니다. 오직 하나 된 마음을 가지고 기도할 때 응답해주신다. 얼마나 많은 사람이 모였느냐보다 모인 사람이 얼마나 하나 된 마음으로 함께 기도하느냐, 즉 그 마음의 중심을 보신다. 모두 함께 목숨을 거는 마음을 가지고 기도한다면 이보다 더 큰 힘은 없을 것이다.

그러므로 홀로 남은 시간을 너무 슬프게 생각하지 말라. 이 같은 상황이 닥치면 대부분 우울증에 걸린다. 하나님이 없는 사람에게 흔히 나타나는 증상이다. 그러나 이때야말로 하나님과 만날 수 있는 최적의 시간이다. 누군가와 독대하는 시간은 특별하고 소중한 시간이다. 쉽게 찾아오는 시간이 아니다. 여러 사람이 같이 만나는 것과 혼자 만나는 것은 의미가 다르다. 주위에 사람이 많으면 하나님과 단독으로 만나는 일이 쉽지 않다. 정말 제대로 하나님을 만나려면 혼자 있는 외로운 시간이 필요하다. 하나님 이외의 다른 사람과 만날 수 없는 상황이 되어야 한다. 그렇지 않고서는 하나님과 진정으로 만나는 교제의 시간을 갖기 어렵다.

다윗은 아히멜렉과의 만남에서 뜻밖의 또 다른 선물을 받았다. 바로 골리앗의 칼이다. 수년 전 다윗이 엘라 골짜기에서 골리앗을 제압하고 노획한 그 칼이, 이후 놉에 있는 성소에 보관되어 오다가 드디어 다윗에게 주어진 것이다. 아무것도 없던 다윗의 손에 골리앗의 칼이 주어졌다는 사실은 상징적인 의미가 컸다. 자신을 보호할 수 있는 칼을 얻은 것이다. 특히 아히멜렉이 다윗에게 그 칼을 준 것은 은연중에 다윗을 미래의 왕으로 여긴 것으로 볼 수 있다. 제사장이 인정한 것이기에 더욱 특별한 의미가 있었다.

갑자기 닥친 악함을
이기는 길

문제는 이 자리를 몰래 엿본 정탐꾼이 있었다는 사실이다. 그는 사울의 신하 중 한 사람인 에돔 사람 도엑이었다. 이 도엑에 대하여 종교개혁자 칼빈은 '더할 나위 없는 완전한 악인'이라고 표현했다. 이처럼 도엑은 악한 사람의 대표적인 모델이었다. 도엑은 아히멜렉이 다윗을 도와주고 은혜를 베푸는 모습을 목격하고 사울에게 고자질한다. 그 결과 사울은 아히멜렉뿐만 아니라 그와 함께한 무고한 85명의 제사장을 죽임으로써 다윗에 대한 분노를 푼다. 후에 다윗은 아히멜렉의 아들 아비아달을 통해 이 소식을 접하고 나서 "네 아버지 집의 모든 사람이 죽은 것은 나의 탓이로다"라고 울부짖어 탄식한다.

마침내 사울은 다윗뿐만 아니라 하나님에게 정면으로 도전하고 나섰다. 하나님의 무고한 제사장들을 무려 85명이나 죽이고, 거룩한 곳인 놉을 남녀에서부터 가축에 이르기까지 멸절시킨 그의 행동은 아무리 생각해도 제정신이 아니었다. 갈 데까지 간 사울의 마지막 모습을 보는 듯했다. 놉에서 행한 무분별한 대학살은 사울 스스로 멸망을 자초하는 결과를 가져왔다. 애초부터 도엑과 같은 악한 사람의 말은 듣지 말았어야 했다. 사울은 악한 자와 자리를 함께하는 것 자체가 파멸임을 알지 못했다.

혼자 살아남은 다윗은 얼마나 괴로웠을까? 자신 때문에 죽은 무고한 제사장들을 생각하면서 억장이 무너졌을 것이다. 그러나 사울의 악행이 심해질수록 다윗의 믿음은 더욱 견고해졌다. 오히려 그 마음을 더욱 하나님에게로 향하게 되었다. 오직 하나님만 의지할 수밖에 없는 상황이 되어갔다. 결과적으로 보면 다윗은 구하기 힘든 골리앗의 칼을 얻었고, 아비아달 제사장까지 맞아들임으로써 왕으로서의 입지를 더욱 견고히 다지게 되었다.

다윗은 이때의 괴로움과 도엑의 악한 행동을 생각하면서 하나님에게 이렇게 기도했다.

포악한 자여
네가 어찌하여 악한 계획을 스스로 자랑하는가.
하나님의 인자하심은 항상 있도다.
네 혀가 심한 악을 꾀하여
날카로운 삭도 같이 간사를 행하는도다.
네가 선보다 악을 사랑하며
의를 말함보다 거짓을 사랑하는도다(셀라).

간사한 혀여
너는 남을 해치는 모든 말을 좋아하는도다.
그런즉 하나님이 영원히 너를 멸하심이여
너를 붙잡아 네 장막에서 뽑아내며
살아 있는 땅에서 네 뿌리를 빼시리로다(셀라).

의인이 보고 두려워하며 또 그를 비웃어 말하기를
이 사람은 하나님을 자기 힘으로 삼지 아니하고
오직 자기 재물의 풍부함을 의지하며
자기의 악으로 스스로 든든하게 하던 자라 하리로다.
그러나 나는 하나님의 집에 있는 푸른 감람나무 같음이여
하나님의 인자하심을 영원히 의지하리로다.

주께서 이를 행하셨으므로 내가 영원히 주께 감사하고
주의 이름이 선하시므로 주의 성도 앞에서
내가 주의 이름을 사모하리이다(시 52편).

시편 52편은 원수를 하나님께 맡기는 기도이다. 도엑처럼 악한 계략이 성취되지 못하기를 구하는 저주의 기도는 시편에 종종 나타난다. "어떻게 사람을 향해 저주를 내리는 기도를 할 수 있는가?"라는 의문을 가질 수 있다. 하지만 이것은 사람이 아니라 악한 사탄과 하나님을 거역하는 일에 대한 기도이다. 원수를 갚는 게 하나님께 있음을 믿고 자신이 응징하기보단 하나님의 의로운 심판에 맡기는 기도이다. 다윗은 이 같은 기도를 통해 하나님을 더욱 신뢰하고, 하나님께 모든 일을 맡기는 성숙한 신앙인으로 자라가는 기회로 삼았다.

억울함을 기도로
승화시키라

우리도 다윗처럼 억울한 일을 당할 때가 있다. 너무나도 악한 일을 당해 큰 피해를 봤을 때 우리는 어떻게 하는가? 도액과 같은 악한 사람을 만났을 때 우리가 나서서 문제를 직접 해결하려는 경우가 있다. 이때를 조심해야 한다. 오히려 기도하는 시간을 갖는 편이 더 현명하다. 그 영혼을 불쌍히 여기고, 그 영혼이 구원받도록 간구하면서, 아울러 그가 계획하는 악한 일들이 성취되지 않도록 기도하는 것은 하나님 나라의 건설을 위해 마땅한 일이다. 이 같은 기도를 통해 우리는 하나님을 더욱 신뢰하면서 모든 일을 하나님께 맡기는 신앙으로 한 단계 성장할 수 있다. 분노로 보내기보단 기도의 시간을 가짐으로써 하나님 나라를 더욱 사모하는 기회로 삼을 수 있다. 기도할 수 있다는 것은 얼마나 다행스러운 일인가? 만약 기도할 수 없다면 우리는 그 순간을 견디기가 어렵고 분노를 삭일 수도 없을 것이다.

예수님은 자신을 십자가에 못 박아 죽이려는 사람들을 향해 용서의 기도를 하셨다. 스데반도 자신을 돌로 쳐 죽이는 사람들을 향해 기도하면서 죽어갔다. 애매한 고난과 어려움을 당할 때 이길 수 있는 유일한 길은 기도이다. 기도 외에 다른 어떤 것도 도움이 되지 않는다. 누가 나의 억울함을 풀어줄 것인가? 누가 나의 마음을 알아줄 것이며, 나의 진실함을 이해해줄 것인가? 유일한 해결자는 하나님밖에 없다. 그리스도인은 이때야말로 기도하는 시간을 가져야 한다.

악인은 결코 성공하지 못한다. 이 사실을 믿는다면 악한 사람들과 같이 행동하는 어리석은 짓은 하지 말아야 한다. 기도를 통해 이 사실에 대한 확신을 얻고, 자기의 힘과 물질을 의지해 악을 행하는 사람들과 구별된 삶을 사는 기회로 삼는다면, 오히려 이 같은 억울한 일조차 나에게 큰 유익이 될 것이다. 악이 강할수록 선을 향하는 의지도 강해지는 법이다. 하나님에 대한 나의 신앙을 점검하는 기회로 삼아야 한다.

02

홀로 있는 곳에서
하나님의 은혜를 구하라

하나님이 사람에게 홀로 있는 시간을 갖게 하시는 것은
중요한 일에 집중하게 하시기 위함이다. 사람은 편안할 때는
부수적인 일을 좇아다니기에 바쁘지만 정말 막다른 골목에 처하면
인생에서 가장 중요한 일이 무엇인지를 찾게 된다.

하나님은 어디에나 계신다. 그런데 우리는 왜 그런 하나님을 보지 못하는 것일까? 왜 하나님을 느끼지 못하는 것일까? 우리가 바라보고 있는 게 너무나도 많기 때문이다. 우리는 사소한 일에 매여 있으면 정말로 중요한 것을 볼 수 없다. 물질과 성공과 명예가 소중하다고 생각하면 모든 것을 그 관점에서 보게 된다. 사람을 볼 때도 돈으로 보인다. 사람을 만날 때도 앞으로의 성공을 위한 인맥 구축으로 만난다. 그래서 하나님은 가끔 우리가 가진 모든 것을 포기하게 하신다. 인생에서 가장 중요한 하나님을 바라보게 하시기 위함이다.

언제나 마지막에는 가장 중요한 것만 남게 된다. 죽음을 앞둔 사람에게 중요한 것은 이 세상의 것들이 아니다. 나의 영혼을 받아주실 하나님밖에는 더 이상 중요한 것이 없다. 하나님이 사람에게 홀

로 있는 시간을 갖게 하시는 것은 중요한 일에 집중하게 하시기 위함이다. 사람은 편안할 때는 부수적인 일을 쫓아다니기에 바쁘지만 정말 막다른 골목에 처하면 인생에서 가장 중요한 것이 무엇인지를 찾게 된다.

뒤쫓는 사울,
광야로 들어가는 다윗

다윗은 그동안 부모의 보살핌 아래 편안한 가정생활을 했고, 사울의 수종을 들면서 넉넉한 왕궁생활을 했다. 또한 사람들의 인기를 독차지하면서 성공의 즐거움을 누렸다. 그러나 이것만으로는 하나님 나라를 이룰 지도자로서의 인격을 갖추기에는 턱없이 부족했다. 그래서 하나님은 사울을 통해 다윗을 광야로 내몰았다. 다윗은 이제 사울에게 쫓김으로써 하루하루를 불안하게 보내야 하는 신세가 되었다. 우리는 어느 누구도 같이해주는 사람 없이 홀로 있는 다윗, 언제 어디서 자신을 죽이려고 달려들지 모르는 상황에서 편안하게 잠들지 못하는 다윗을 상상해 볼 수 있다.

사실 다윗이 광야로 들어간 것은 자신의 선택이 아니었다. 쫓겨 다니는 과정에서 어쩔 수 없이 들어간 것이었다. 이미 사울을 대신할 왕으로 기름 부음을 받은 다윗이었지만 하나님이 보실 때는 아직 왕으로서 갖추어야 할 자질이 턱없이 부족했다. 이런 측면에서 다윗의 고난은 왕으로 기름 부음을 받았기에 당하는 고난이었다. 하나님의 일을 한다는 것은 결코 쉬운 일이 아니다. 세상 사람들이 생각하는 것처럼 학교를 졸업하고 좋은 배경을 가지면 그것이 곧 자격 조건이 되는 게 아니다. 세상의 조건과 다른 무엇이 필요하다. 바로 하나님과의 깊은 만남이다. 다윗을 도왔던 사람들이 있다. 사무엘, 요나단, 미갈 등이 그들이다. 그러나 그들은 지금 다윗과 함께할 수 없다. 오히려 그들은 하나님과의 깊은 만남에 방해가 될 수도 있다. 다윗은 사울에게 쫓기면서 알 수 없는 광야로 점점 더 깊숙이 들어가게 된다.

알고 보면 광야는 다윗을 굳세게 하시려는 하나님의 특별한 섭리의 장소였다. 하나님의 도우심이 아니면 살아남을 수 없는 메마른 광야에서 생존한다는 것은 하나님의 전적인 지원을 받는 상태임을 의미한다. 이 상태를 이론이 아니라 직접 몸으로 경험한다는 것은 실로 놀라운 일이다. 우리는 성경에 나와 있는 말씀을 읽고 들으며 힘을 얻는다. 예를 들어 "강하고 담대하라. 두려워하지 말며 놀라지 말라. 네가 어디로 가든지 네 하나님 여호와가 너와 함께하느니라"(수 1:9)는 말씀을 읽고 묵상하고 암송한다. 그러나 이 말씀이 나에게 그대로 다가오는 것은 아니다. 실제로 우리는 말씀을 가슴에 새기면서도 삶에 어려움이 닥치면 여전히 두려워하고 불안해한다. 왜 그럴까? 아직 말씀이 육신이 되지 못했기 때문이다. 체험되지 않으면 여전히 거리가 먼 말씀이다. 말씀이 육신이 되는 일치를 경험하기 위해서는 우리에게 광야가 필요하다.

믿음의 선인들은 하나같이 광야의 과정을 거쳤다. 광야의 과정 없이 위대한 인물이 된 사람은 없다. 광야는 오직 하나님의 도우심만을 의지할 수밖에 없는 공간이다. 하나님 이외에 도움을 받을 수 있는 길이 있다면 아직 광야에 들어선 것이 아니다. 이스라엘 백성들의 40년 광야생활은 인간의 노력으로는 살아갈 수 없는 상황에서의 삶을 의미했다. 하늘에서 내리는 만나와 메추라기로 40년을 먹고 지낸 것부터가 하나님의 도우심이 아니면 절대로 불가능한 일이었다. 40년 동안 메마른 광야에서 250여만 명의 사람들이 물을 마신 것 또한 상상할 수도 없는 일이었다. 이스라엘 백성은 하나님의 공급이 끊어지면 떼죽음을 당할 수밖에 없는 상황에 놓여 있었다.

광야는 말씀으로 사는
기적의 현장이다

나는 오래전, 이스라엘을 방문하여 광야에서 하룻밤을 지낸 적이 있다. 유대 광야 아래쪽의 엔게디 황무지였다. 주위를 아무리 둘러봐도 마른 땅밖에 없는 곳에서 텐트를 치고 하룻밤을 기도하면서 지새웠다. 다윗이 사울을 피해 하룻밤을 지냈을 장소에서 텐트를 치고 하늘을 바라보면서 밤을 보낸 기억이 지금도 생생하다. 도적이 나타나면 그대로 당할 수밖에 없을 정도로 인적이 없는 곳이었다. 그때 나는 '여기서 나를 보호한다는 것은 애초에 불가능하구

나. 그냥 죽으면 죽을 수밖에 없구나' 라고 생각했다. 정말 위험하기 그지없었다. 예측 불허의 상황이 도사리고 있는 곳이 바로 광야이다. 이스라엘의 날씨는 언제 어떻게 변할지 모르기 때문에 만약 한순간에 광야의 폭풍이라도 불어온다면, 또한 광야의 야수나 뱀들이 잠자는 텐트를 둘러싼다면 살아날 수 없다. 광야는 우리를 죽일 수 있는 수많은 방법이 널려 있는 곳이다. 광야는 하나님의 도우심이 없으면 생존 자체가 불가능한 곳이다.

다윗이 숨은 곳이 바로 그런 광야였다. 다윗은 그 속에서 무엇을 경험했을까? 나는 스스로 원해서 들어간 하룻밤의 광야였지만, 다윗은 사울에게 쫓겨 생명을 구하기 위해 어쩔 수 없이 들어간 곳이었다. 하룻밤을 지내는 상황이 나오는 전혀 달랐다. 광야야말로 하나님에 대한 눈을 뜨고, 영적으로 맑아지기에 더없이 좋은 곳이다. 우리가 알지 못하는 하나님의 위대한 신비가 감추어져 있는 곳이 광야이다. 불안함과 고결함이 함께 숨 쉬는 곳이다. 나 자신을 온전히 하늘에 맡기고, 하나님의 인도에 의존할 수밖에 없는 곳으로 광야보다 더 좋은 장소는 없다.

민수기의 히브리어 성경 이름은 '광야에서' 이다. 히브리어로 '미드바르' 인데, 이 단어에는 '다바르' (말씀)라는 단어가 합성되어 있다. 결국 광야에서 살 수 있는 길은 오직 말씀으로만 가능하다는 의미다. 광야는 아무것도 먹을 것이 없다. 그런데 40년을 생존한다는 것은, 그것도 250여만 명이나 되는 사람들이 먹고 마시고 산다는 것은 불가능한 일이다. 그런데 이스라엘 백성은 40년을 궁핍함 없이 살았다. 어떻게 살았을까? 하늘에서 내리는 만나와 메추라기와 반석에서 나오는 물을 먹고 살았다. 그것은 인간의 힘으론 도저히 얻을 수 없는 신령한 음료와 양식이었다. 이것은 한없는 하나님의 자비와 긍휼과 은혜의 산물이었다. 하나님의 이런 도우심이 없었다면 이스라엘 백성은 단 하루도 그곳에서 살 수 없었을 것이다.

사무엘상 21~30장까지의 내용은 다윗이 광야로 내몰린 이야기다. 사무엘상 후반부의 대부분은 광야에서 벌어진 이야기다. 마지막 장인 31장에서 사울이 전쟁에서 죽기까지 다윗은 광야에서 유리하면서 사울을 피해 이리저리 도망 다녔다. 사울을 피할 수 있는 곳은 광야나 이방지역밖에 없었다. 그래서 다윗은 이방지역인 블레셋으로까지 도망갔다. 놉의 아히멜렉 제사장에게 숨어들어 간 것을 시작으로 다윗의 도피행각은 계속되었다. 하지만 마음 놓고 숨을 만한 곳은 어디에도 없었다. 만약 있다 할지라도 오래 머물 수 없었다. 정착하지 못한 채 계속 이동해야 했다. 이것은 쫓기는 사람의 전형적인 모습이다.

다윗이 광야에서 두 번째로 들른 곳은 가드였다. 가드는 저지대로 블레셋의 다섯 도시 가운데 하나였다. 그런데 몰래 숨어든 그곳에서 그만 정체가 탄로 나고 말았다. 다윗의 명성이 블레셋에도 자자했기 때문이다. 아이러니하게도 다윗이 죽인 골리앗은 가드 사람이 아니던가! 결국 다윗은 임기응변으로 미친 척함으로써 자신의 생명을 부지하려고 했다. 여기서 우리는 다윗이 가드에 들어섰을 당시 기도한 시편을 음미해볼 필요가 있다. 이 기도문을 읽어보면 다윗이

블레셋까지 피한 막다른 위기 가운데서도 좌절하지 않고 하나님을
의지한 믿음을 엿볼 수 있다.

하나님이여 내게 은혜를 베푸소서.
사람이 나를 삼키려고 종일 치며 압제하나이다.
내 원수가 종일 나를 삼키려 하며
나를 교만하게 치는 자들이 많사오니
내가 두려워하는 날에는 내가 주를 의지하리이다.
내가 하나님을 의지하고 그 말씀을 찬송하올지라.

내가 하나님을 의지하였은즉 두려워하지 아니하리니
혈육을 가진 사람이 내게 어찌하리이까.
그들이 종일 내 말을 곡해하며
나를 치는 그들의 모든 생각은 사악이라.
그들이 내 생명을 엿보았던 것과 같이
또 모여 숨어 내 발자취를 지켜보나이다.

그들이 악을 행하고야 안전하오리이까.
하나님이여 분노하사 뭇 백성을 낮추소서.
나의 유리함을 주께서 계수하셨사오니
나의 눈물을 주의 병에 담으소서.
이것이 주의 책에 기록되지 아니하였나이까.

내가 아뢰는 날에 내 원수들이 물러가리니
이것으로 하나님이 내 편이심을 내가 아나이다.
내가 하나님을 의지하여 그의 말씀을 찬송하며
여호와를 의지하여 그의 말씀을 찬송하리이다.
내가 하나님을 의지하였은즉
두려워하지 아니하리니 사람이 내게 어찌하리이까.

하나님이여 내가 주께 서원함이 있사온즉
내가 감사제를 주께 드리리니
주께서 내 생명을 사망에서 건지셨음이라.
주께서 나로 하나님 앞, 생명의 빛에 다니게 하시려고
실족하지 아니하게 하지 아니하셨나이까(시 56편).

인생을 살다 보면 환난으로 인해 두려울 때가 있다. 그러나 그때
마다 하나님을 의지하며 찬송하면 무한한 힘을 얻을 수 있다. 우리
도 이 비결을 배워야 한다. "나의 눈물을 주의 병에 담으소서"라는
표현에 담긴 의미는 하나님이 눈물의 기도를 받으신다는 뜻이다. 지
금도 하나님은 나의 눈물의 기도를 하나님의 병에 담고 계신다. 이
같은 기도는 결코 땅에 떨어지지 않는다. 눈물로 기도한 자녀와 눈
물로 기도한 삶은 망하지 않는다. 사울에게 쫓겨 이방 땅인 블레셋
으로까지 피해야 하는 모욕적인 일을 당한 다윗처럼 인생의 코너에
몰려 비참한 신세가 될지라도 기도하는 자를 하나님은 돌보신다.

인생의 신비한 체험은
막다른 피난처에서 얻는다

다윗은 아기스왕에게조차 쫓겨나 아둘람 굴로 도망쳤다. 이 지역은 동굴이 산재해 있고 샘도 있어 숨기에 안성맞춤인 피난처였다. 더욱이 다윗이 골리앗을 물리친 곳 근처였기에 지형도 익숙했다. 이곳에서 다윗과 함께한 사람들이 있었는데, 그들은 4백 명가량 되었다. 모인 사람들은 주로 환난당한 자, 빚진 자, 마음이 원통한 자들이었다. 문벌이 좋은 사람은 한 명도 없었다. 이들은 다윗과 같이 쫓기는 자요, 어디에도 마음을 둘 곳이 없는 일종의 범법자들이었다.

다윗은 그들의 리더가 되었다. 이것은 후에 다윗이 이스라엘의 왕으로 세워지는 데 도움이 되는 좋은 경험이었다. 다윗에게 광야는 단순히 피난처가 아니라 미래를 준비하는 곳이었다. 하나의 광야교회였다. 광야는 서로 하나가 되는 장소이다. 어려운 고통은 도저히 마음이 맞지 않을 것 같은 사람들을 하나 되게 한다. 이때 다윗은 부모님을 모압 땅으로 모셔 왔다. 비록 광야생활이었지만 부모를 안전한 곳에 모셨다. 쫓기는 중에도 부모를 생각하는 다윗의 마음이 참으로 아름답다.

얼마나 아름다운가? 도저히 하나가 될 수 없는 사람들을 하나가 되게 하는 아둘람 굴은 바로 샬롬의 장소였다. 사람의 힘으로 이룰 수 없는 기적의 장소였다. 고난은 서로를 하나 되게 하고 서로를 이해하게 한다. 신분과 지위와 나이가 중요하지 않다. 고난이라는 공통분모는 사람들의 모든 것, 체면과 경험과 고집을 버리게 한다. 그리고 한 형제로 만드는 놀라운 힘이 있다. 하나님은 이 같은 하나 됨을 배우게 하기 위해 우리를 광야로 몰아내신다. 이것이 광야가 주는 축복이다.

광야의 아둘람 굴에 모인 사람들을 상상하며 다윗이 기록한 다음의 시편을 묵상해보면 한결 새롭게 다가올 것이다.

보라. 형제가 연합하여 동거함이
어찌 그리 선하고 아름다운고.
머리에 있는 보배로운 기름이
수염 곧 아론의 수염에 흘러서
그의 옷깃까지 내림 같고
헐몬의 이슬이 시온의 산들에 내림 같도다.
거기서 여호와께서 복을 명령하셨나니
곧 영생이로다(시 133편).

여기서 다윗은 생각지도 못한 갓이라는 선지자를 만난다. 갓 선지자는 사무엘하 24장에 등장하는 인물이다. 다윗의 곁에서 신앙적인 조언을 해줄 수 있는 갓 선지자가 함께하게 되었다는 사실은 다윗에게 크나큰 축복이었다. 그는 다윗이 언제나 하나님을 향하도록 해준 신앙적인 멘토였다. 다윗의 인생 후반까지 함께한 갓 선지자는 다윗에게 더없는 위로가 되었다. 다윗은 갓 선지자의 충고를 듣고 야영지를 헤렛 수풀로 이동한다.

광야에서 만난
소중한 사람들

어려운 광야에서 만나는 사람은 하나님이 보내주신 사람이다. 사실 이들은 하나님의 인도가 아니면 만날 수 없는 사람들이다. 내가 가진 것을 보고 나를 따르거나 도와주는 사람들이 아니다. 마음이 통하는 진실한 사람들이다. 조건이나 배경이나 어떤 이익을 바라보고 나에게 접근하는 것이 아니라 인격과 중심을 보고 가까이 다가온 사람들이다. 아울러 하나님의 소명을 따라 나와 함께하는 사람들이다. 광야는 사람을 만날 수 없는 외로운 자리지만 한편으론 평생을 함께할 동역자를 만나는 곳이기도 하다. 광야에서 만나는 사람들은 하나같이 기도하는 사람이다. 모두 하나님의 도우심을 받고 살아가는 사람들이기에 다른 누구와의 만남보다 소중하다. 기도의 사람은 광야에서 만날 수 있다. 광야는 하나님만을 의지하는 사람이 모이는 곳이기에 편안한 곳에서 만나는 사람과는 근본적으로 다르다.

잘나갈 때는 사람이 많이 모인다. 그러나 대부분 이해관계 때문에 모여든 사람이다. 배반과 음모와 탈취와 탐욕이 가득한 사람으로

넘쳐난다. 그래서 언제 어떻게 돌변할지 모르는 불안감 속에서 하루하루를 보내야 한다. 왕궁에 모인 사람들은 무서운 사람들이다. 언제 죽임을 당할지, 언제 배신을 당할지 모르는 위험한 곳이 왕궁이다. 많은 왕이 측근에게 암살당하는 것도 이 때문이다. 그들은 자기 욕심 때문에 모여들기에 언젠가는 그 속셈을 드러낸다. 겉보기에 편안하고 화려하고 사람들의 이목을 받는 거대한 곳은 하나님의 영광을 드러내기보단 하나님의 영광을 가릴 가능성이 더 크다. 왜 그럴까? 그곳을 지향하고 모인 사람들의 마음을 읽는다면 대답은 그리 어렵지 않다.

광야에는 많은 사람이 모여들지 않는다. 반면 세상에는 많은 사람이 모여든다. 나름대로 속셈을 가진 사람들이 모여드는 곳이기에 늘 경계해야 한다. 모두 다는 아닐지라도 대부분 순전하지 못한 마음을 가지고 시작한 것이기에 언젠가는 폭발하여 문제를 낳고 세속화로 가게 되는 것은 결코 이상한 일이 아니다. 대형교회의 세대교체 과정에서 문제가 생기는 것도 여기에 기인한다. 본질적으로 외형과 화려함에 익숙한 사람은 언젠가 그 속셈을 드러내게 되어 있다. 교회가 그 도구가 되어서는 안 된다. 교회는 날마다 갱신이 일어나야 하고, 뼈를 깎는 변화가 수반되어야 한다.

거대함과 화려함과 수많은 군중이 가득한 곳에는 기도가 들어설 자리가 없다. 하나님이 크게 보이지 않는다. 아무것도 없는 광야에서 하나님이 크게 보이는 법이다. 교회도 크기가 너무 커지면 하나님보다 구조에 의해 움직일 수밖에 없다. 하나님 뜻보다 구조적인 조직이 중심축이 된다. 이 사실을 안다면 교회는 늘 광야교회를 지향해야 한다. 하나님께서 중심이 되는 교회가 되기 위해서는 하나님의 도우심으로만 운행되는 구조를 가져야 한다.

본래로 돌아갈 때
창조가 일어난다

이스라엘에는 희년이라는 제도가 있다. 50년마다 모든 것을 본래대로 환원하는 제도이다. 희년은 모든 것이 하나님의 것이라는 정신에 기초한 제도이다. 이런 의미에서 희년은 최대의 축제이다. 50년 정도 가지고 있었으면 된 것이다. 이제 내놓아도 아쉬운 것이 없다. 그로 인해 인생이 새롭게 시작된다면 이것처럼 아름다운 일도 없다. 이렇게 살면 인생을 두 번 사는 것이다. 인생에서 한 번은 희년이 온다. 이 한 번의 기회를 살리지 못하면 인생이 불행해진다. 성공했다 할지라도 원래대로 돌아가지 않으면 그는 실패한 것이다.

우리에게는 모든 것을 포기하고 다시 하나님으로부터 시작하는 희년 정신이 정말로 필요하다. 그러면 참으로 아름다운 사회가 될 것이고 불평등이 해소될 것이다. 이 땅에 가득한 시기와 다툼과 원망도 사라질 것이다. 가진 것을 포기하고 본래대로 돌려주는 희년 제도에는 하나님 중심의 삶이라는 영적 의미가 담겨 있다. 희년은 모든 것을 영원하게 만드는 지혜로운 방법이다. 다시 광야로 돌아가는 것을 의미한다. 인간은 본래 자리로 돌아가지 못하면 결국 타락하고 만다.

무한대로 한없이 커지기보다는 50년마다 다시 본래대로 하나님의 손에 돌려드리는 희년 제도를 교회에 적용한다면 한국교회는 아름다운 교회가 될 것이며, 세상에서 칭찬받는 교회가 될 것이다. 또한 하나님의 이름은 더욱 높아지게 될 것이다. 광야를 사랑하자! 만약 신앙이나 인생에서 광야가 과거의 일로만 남겨진다면, 그래서 다시 돌아갈 수 없는 곳이 된다면 그 안에 하나님이 없는 것이다.

인간은 본래 악하기에 광야에 이르러서야 하나님을 진실로 만나게 된다. 광야에서 멀어지면 멀어질수록 하나님과도 멀어지게 된다. 그래서 하나님은 때때로 우리를 메마른 광야로 인도하신다. 주님이 수많은 사람 속에서 기적을 행하신 후에 홀로 한적한 곳에 머물기를 즐기셨던 데는 깊은 영적 의미가 숨어 있다. 그곳이야말로 기도하기에 가장 좋은 장소이기 때문이다. 편안한 곳에서는 기도에 깊이 들어갈 수 없다. 자발적으로 고난을 택하지 않는 한 하나님의 마음을 헤아리기 어렵다. 혹시 지금 주어진 고난의 자리가 힘들다면 그곳을 하나님이 인도하시는 광야로 만들면 어떨까? 하나님과 깊은 만남이 있는 기도의 골방으로 만들면 어떨까? 틀림없이 하나님의 놀라운 은혜가 주어질 것이다.

03

결정이 어려울 때
하나님께 물으라

기도는 결정의 기로에서 우리에게 힘을 주는 통로이다.
기도할 수 있고, 기도를 들어주시는 하나님이 계시다는 것만으로도
우리는 행복하다. 이것은 그리스도인에게 주어진 축복이다.

인생을 살아가면서 어떤 일을 결정한다는 게 얼마나 어려운 일
인지는 경험해본 사람이라면 다 알 것이다. 우리는 매 순간 어떤 선
택을 하면서 살 수밖에 없는 존재이다. 결정할 수 있는 권한이 있는
자리가 좋은 자리지만 한편으론 가장 어려운 자리기도 하다. 그래서
참으로 결정하기 곤란한 때에는 누가 대신 해주었으면 싶은 때도 있
다. 쉽게 선택할 수 있고 결정할 수 있는 경우도 있지만 정말 결정하
기 힘든 경우도 잦다. 사람들에게 물어보는 것도 한계가 있다. 결국
은 자신이 결정해야 하는데, 이것 역시 쉬운 일은 아니다. 언제나 결
정에 대한 책임을 져야 하기 때문이다.

책임이 두려워 결정을 포기하는 경우도 있다. 리더의 자리가 힘
든 이유가 바로 여기에 있다. 잘못된 결정으로 인해 나라와 민족이

어려움에 처할 수도 있고, 인생의 운명이 달라질 수도 있기 때문이다. 이런 측면에서 기도는 결정의 기로에서 우리에게 힘을 주는 통로이다. 기도할 수 있고, 또 기도를 들어주시는 하나님이 계시다는 것만으로도 우리는 행복하다. 이것이 그리스도인에게 주어진 축복이다.

하나님에게 묻고
또 묻는 다윗

다윗은 블레셋 사람들이 그일라를 쳐서 타작마당을 탈취했다는 소식을 들었다(삼상 23:1). 이것은 블레셋 사람들의 전형적인 수법이었다. 가만히 있다가 추수할 때 쳐들어와 힘들여 수고한 결실을 빼앗는 것이다. 그일라 사람들이 얼마나 약 올랐을까? 하지만 힘이 없기에 그대로 당할 수밖에 없는 형편이었다. 비록 다윗은 쫓기는 신세였지만 이 일을 알고 그냥 지나칠 수 없었다. 블레셋으로부터 이스라엘을 보호하는 것은 사울의 일이었지만 다윗의 일이기도 했다.

다윗과 함께한 4백 명이 있었던 것으로 미루어볼 때 블레셋을 응징할 수 있는 어느 정도의 힘을 소유하고 있었다고 할 수 있다. 그렇지만 정면으로 싸우기에 시기상조인 것만은 분명했다. 사울의 손길에서 완전히 벗어난 것도 아니었고, 여러 면에서 전투할 만한 상황도 아니었다. 다윗은 이와 같은 상황을 알았기에 하나님께 묻고 결정하기로 마음먹는다. "이에 다윗이 여호와께 묻자와 이르되 내가 가서 이 블레셋 사람들을 치리이까. 여호와께서 다윗에게 이르시되 가서 블레셋 사람들을 치고 그일라를 구원하라"(삼상 23:2).

다윗은 이 문제를 놓고 하나님에게 기도했고, 하나님의 응답을 받았다. 하지만 다윗과 함께한 사람들은 반대하고 나섰다. "지금 우리가 유다에 있기도 두려운 쫓기는 상황인데 어떻게 그일라에 가서 블레셋 군대를 칠 수 있느냐." 다윗은 하나님에게 다시 묻는다. 그러자 하나님이 말씀하셨다. "일어나 그일라로 내려가라. 내가 블레셋 사람들을 네 손에 넘기리라"(삼상 23:4). 하나님으로부터 확신을 얻은 다윗은 그일라로 가서 블레셋 사람들을 치고, 그일라 거민과 그들의 가축들을 구했다.

이처럼 다윗은 어려운 문제를 만났을 때 사람의 의견이나 상식적인 경험을 따르지 않고 하나님에게 묻고 행동했다. 하나님의 응답을 받고 행동해서 승리를 얻었다. 쫓기는 상황에서 이처럼 행동하기란 결코 쉽지 않다. 그런데도 다윗은 하나님의 마음을 품고 이스라엘 백성을 구원하는 일에 자신을 드렸다. 이것은 전에 아버지의 심부름을 갔다가 골리앗이 하나님의 이름을 모욕하는 것을 보고 참지 못해 정면으로 도전한 것과 같은 행동이었다. 다윗은 자신이나 주위 사람들의 생각에 이끌리기보다 늘 기도함으로써 문제를 결정했다. 이 사실은 다윗이 쫓기는 상황에서도 하나님과의 교제를 놓치지 않았음을 보여준다.

하나님을 신뢰하고 물으면
응답하신다

우리도 다윗과 같은 상황에 처할 때가 많다. 하나님의 마음이 들어 도와주고 싶은데 상황이 여의찮으면 결정하기가 쉽지 않다. 나를 따르는 대다수의 사람이 상황과 현실을 앞세워 반대할 때도 결정하기가 쉽지 않다. 그 일로 인해 나에게 피해가 올 수도 있다면 더욱더 그렇다. 그때 우리는 반드시 하나님에게 물어야 한다. 기도해야 한다. 언제나 그냥 행동하지 말고 먼저 하나님에게 묻고 행동하는 것이 필요하다. 한 번에 해결되지 않을 때는 다윗이 두 번에 걸쳐 물은 것처럼 다시 기도하는 일이 필요하다. 사람들의 마음이 하나가 될 때까지 계속해서 기도하는 자세가 지혜롭다. 반면 우리는 한 번 기도하고 그대로 밀고 나간다. 다윗이 사람들의 합의가 있을 때까지 기다리며 하나님에게 다시 묻는 모습은 우리에게 좋은 지침이 된다. 하나님을 의지하는 동시에 주위 사람들의 의견을 무시하지 않는 것은 다윗의 리더십이 가진 강점이었다.

우리는 자신도 어려운 상황에서 다른 사람의 아픔을 생각하며 그것을 기도의 제목으로 삼는 다윗의 아름다운 마음을 본받아야 한다. 역시 리더다운 모습이다. 늘 백성과 함께하며 백성의 고통을 그냥 지나치지 않는 다윗의 리더십은 광야 가운데서도 빛을 발했다. 평소의 모습이 우리의 진정한 모습이다. 어려울 때나 좋을 때나 상관없이 사랑의 마음을 가지고 신실한 믿음을 유지하기란 쉬운 일이 아니다. 우리는 상황에 따라 자신을 얼마나 합리화하는가?

그런데 문제가 생겼다. 다윗이 그일라 사람들을 구해주었다는 소식을 듣고 사울이 추격해온 것이다. 사울은 다윗을 에워쌌다. 이 제는 더 이상 도망칠 수도 없었다. 이번에도 다윗은 하나님에게 여 쭈었다. "이 상황에서 저는 어떻게 해야 할까요? 그일라 사람들이 저를 사울에게 넘겨줄까요? 사울이 내려와서 저를 칠까요?" 그러자 하나님은 그일라 사람들이 다윗을 사울에게 넘겨줄 것이라고 말씀 하셨다. 그일라 사람들은 다윗 덕분에 블레셋으로부터 구원받았음 에도 그 은혜를 저버리려고 했다. 다윗은 보호는커녕 사울에게 넘김 을 당하는 배반의 위험에 직면했다. 다윗은 하나님의 응답으로 그곳 이 안전하지 않음을 알고 다시 광야로 나갔다.

자비를 베풀었다고 해서 그것이 반드시 나에게 선한 행위로 돌 아오는 것은 아니다. 오히려 배반으로 돌아올 수도 있다. 이것이 인 생이다. 많은 사람이 이것을 이해하지 못한다. 그러나 이것은 늘 일 어날 수 있는 일이고, 이 일에 너무 연연하면 스스로 실족하게 된다. 어차피 선한 행위는 보답을 전제로 하는 것이 아니다. 보답을 전제 로 했다면 선한 행위가 될 수 없다. 인간적으로 보면 기도하면서 결 정한 그 일이 화를 주는 결과를 초래한 것 같다. 또한 힘든 광야로 다시 내쫓기는 다윗이 무척 헛수고한 것 같다. 하지만 하나님의 또 다른 인도하심으로 생각하면 은혜라고 볼 수 있다.

하나님이 보호하시는 다윗은 사울이 아무리 찾고 찾아도, 심지 어 사람들이 배반하면서까지 잡으려 해도 해할 수 없었다. 하나님이 넘기시지 않으면 인간의 힘으로는 다윗을 찾을 수도, 잡을 수도 없었다. 이것이 그리스도인에게 주어진 특권이다. 기도함에도 우리는 여전히 어려움을 당할 수 있다. 일이 더 꼬일 수도 있다. 그러나 그 속에 하나님의 또 다른 인도하심이 숨어 있음을 인지한다면 원망을 그치게 될 것이다. 다윗은 이 일을 통해 더욱더 하나님이 자신을 보호하신다고 확신하게 되었을 것이다. 우리에게 중요한 것은 사람의 도움이 아니라 하나님의 도우심이다. 이 사실을 깨닫는 것이 인생에서 승리하는 비결이다. 비록 쫓기고 어려움을 당하는 일이 나에게 계속된다 할지라도…. "다윗이 광야의 요새에도 있었고 또 십 광야 산골에도 머물렀으므로 사울이 매일 찾되 하나님이 그를 그의 손에 넘기지 아니하시니라"(삼상 23:14).

04

하나님에게
피하는 법을 배우라

하나님은 하나님을 의지하는 기도의 시간에 축복을 주신다.
하나님은 당연히 하나님을 가까이하는 사람을 가까이하신다.
힘들수록 하나님을 의지하며 기도하는 시간이 중요하다.

사람은 위기에 대처하는 자신만의 노하우를 가지고 있다. 그러나 인생을 살다 보면 한 가지 진리를 깨닫게 된다. 배신과 실패를 경험하면서, 아니면 인생 막바지에 이르러 자신을 의지하거나 사람을 의지하거나 재물이나 권력을 의지하는 것이 얼마나 허망한 일인지를 자연스럽게 알게 된다. 누가 나를 책임져주겠는가? 부모도 나를 책임져주지 못한다. 나를 책임져줄 수 있는 존재는 이 세상 어디에도 없다. 모두가 잠시뿐이요, 늘 불안하다. 재산이 많음에도 왜 그토록 근심하고 염려하는지 생각해보라. 연일 오르내리는 주가 동향에 촉각을 세운 채 마른침을 삼키고 사는 사람이 얼마나 많은가? 가졌다고 안전한 것은 아니다. 언젠가는 그 자리, 그 재물, 그 건강을 놓아야 하기 때문이다. 함께하던 사랑하는 사람도 결국은 나를 떠나게 될 것이다. 우리는 이 같은 상황에 이르면 과연 누가 나를 도와줄 진정한 피난처인지를 깊이 생각할 수밖에 없다.

하나님이 숨기면
아무도 찾지 못한다

다윗은 사울을 피해 십 광야 수풀에 숨었다. 하나님의 도우심으로 구사일생으로 살아난 다윗은 수풀을 의지해 자신의 몸을 숨겼다(삼상 23:15). 다윗은 그일라 사람들의 배반을 통해 사람은 더 이상 의지할 대상이 아님을 깨달았다. 처음부터 기대한 것이 잘못이었다. 오히려 사람보다 광야나 수풀에 의지해 사는 게 더 안전했다. 다윗은 얼마 전까지만 해도 수풀과 광야를 그리 도움이 되지 못하는 거치는 곳으로만 생각했다. 그러나 지금 의지할 곳은 수풀이요 광야였다. 그것들만이 자신을 숨겨줄 유일한 보호자였다. 그런데도 여전히 불안했다. 그것들이 자신을 오랫동안 보호해주지 못할 것임을 알았기 때문이다.

그런데 신기하게도 어떻게 알았는지 수풀에 숨은 다윗을 찾아낸 사람이 있다. 바로 사울의 아들 요나단이다. 사울은 수풀에 숨어 있는 다윗을 찾아내지 못한 반면, 요나단은 다윗을 찾아 수풀 속으로 들어간 것이 신기하지 않은가? 사랑하는 사람의 눈에는 수풀에 숨어 있는 다윗이 보이지만 미워하는 사람의 눈에는 보이지 않는 법이다.

요나단은 다윗에게 "하나님을 힘 있게 의지하라"고 했다. 최고의 격려였다. 그리고 덧붙여 말했다. "두려워하지 말라. 내 아버지 사울의 손이 네게 미치지 못할 것이요 너는 이스라엘 왕이 되고 나는 네 다음이 될 것을 내 아버지 사울도 안다." 다윗이 장차 왕이 될 것임을 사울과 요나단이 모두 인정한다는 뜻이다. 다윗은 비록 수풀에 숨어 있었지만 요나단의 말을 통해 격려받고 힘을 얻었을 것이다.

기도란 무엇인가? 하나님을 힘 있게 의지하는 것이다. 왜 기도해야 하는가? 하나님을 의지하기 위해서다. 하나님은 하나님을 의지하는 기도의 시간에 축복을 주신다. 하나님은 당연히 하나님을 가까이하는 사람을 가까이하신다. 힘들수록 하나님을 의지하며 기도하는 시간이 중요하다. 나아가 요나단처럼 위로하는 사람이 되어야 한다. 사람을 의지하지 말고 하나님을 의지하라고 말하는 사람이 되어야 한다. 어떤 경우에도 포기하지 말고 하나님을 힘 있게 의지하면 하나님이 도와주시고, 결코 어려움을 당하지 않을 것이라고 말하는 사람이 되어야 한다.

그런데 또다시 문제가 생겼다. 십 사람들이 다윗이 숨어 있는 수풀 요새를 사울에게 알려준 것이다. 그들은 사울에게 내려와 다윗을 잡으라고 했다. 이 사실을 안 다윗은 마온 광야로 갔다. 그러나 사울이 뒤쫓아오는 바람에 오도가도 못 하는 신세가 되었다. 사방이 모두 적이었다. 어느 누구도 그를 도와주지 않았다. 십 사람들에게 배반을 당한 다윗은 이제 사울에게 잡힐 위기에 놓였다. 도망가는 것도 한계에 이르렀다. 포위망이 좁혀지면서 다윗은 독 안에 든 쥐가 되었다. 다윗은 사울을 두려워했다. 하나님이 도와주시지 않으면 도저히 살아날 수 없는 상황이었다. 하늘과 땅을 바라봐도 더 이상 도망갈 곳이 없었다.

가장 기도하기 좋은
진솔한 시간은?

인생을 살다 보면 우리도 이 같은 상황에 처할 때가 있다. 앞뒤 어디를 봐도 살아날 길이 없는 절박한 상황이 있다. 그대로 죽고 싶을 때가 있다. 그래서 이제 더 이상 할 수 있는 일이 없다고 생각되는 순간, 하나님이 없는 사람은 스스로 죽음을 택하기도 한다. 하나님이 없는 사람의 처지에서는 나름대로 합리적인 선택일 수도 있다. 그러나 결코 그렇지 않다. 모든 인생이 내 뜻대로 되지 않듯이 절망적인 상황도 내 생각대로만 되는 것은 아니다. 뜻하지 않은 곳에서 완전히 새로운 희망이 나타날 수도 있다. 그런데도 사람들이 절박한 상황에서 포기하는 것은 알고 보면 자기 교만 때문이다. 자기 생각이 옳다고 믿기 때문에 스스로 불행해진다. 다른 이유 때문이 아니라 교만 때문에 스스로 올무에 걸리는 것이다. 이 같은 일은 특히 하나님이 없는 사람에게 쉽게 일어난다. 그러나 이때야말로 하나님을 생각해야 할 시간이다. 이때야말로 기도해야 할 시간이다. 이때야말로 하나님을 의지하고 도움을 청해야 할 구원의 시간이다.

우리는 위급한 순간에 어떻게 기도하는가? 다윗은 위급한 순간에 하나님께 이렇게 기도했다.

하나님이여 주의 이름으로 나를 구원하시고
주의 힘으로 나를 변호하소서.
하나님이여 내 기도를 들으시며
내 입의 말에 귀를 기울이소서.

낯선 자들이 일어나 나를 치고
포악한 자들이 나의 생명을 수색하며
하나님을 자기 앞에 두지 아니하였음이니이다(셀라).

하나님은 나를 돕는 이시며
주께서는 내 생명을 붙들어주시는 이시니이다.
주께서는 내 원수에게 악으로 갚으시리니
주의 성실하심으로 그들을 멸하소서.

내가 낙헌제로 주께 제사하리이다.
여호와여 주의 이름에 감사하오리니
주의 이름이 선하심이니이다.
참으로 주께서는 모든 환난에서 나를 건지시고
내 원수가 보응받는 것을 내 눈이 똑똑히 보게 하셨나이다(시 54편).

나의 힘으로는 나를 구원할 수 없다. 오직 하나님의 힘으로만 나를 구원할 수 있다. 하나님은 나를 도우시는 분이다. 나의 생명을 붙들어주시는 분이다. 모든 환난에서 나를 건져주시는 분이다. 얼마나 놀라운 고백인가? 우리도 이 같은 기도를 해야 한다. 환난을 당할수록, 앞이 보이지 않을수록 더욱더 기도에 매진해야 한다. 주님을 선명하게 바라보자. 극심한 어려움 속에서는 그동안 희미하게 보였던 하나님이 더욱 빛나게 보이는 법이다. 마치 가장 어두운 밤에 별이 가장 빛나듯 말이다.

하나님에게
피하는 법을 배우라

하나님이 다윗의 기도를 듣고 움직이셨다. 갑자기 사울에게 급한 전령이 왔다. "급히 오소서. 블레셋 사람들이 땅을 침노하나이다." 다윗을 쫓는 일보다 더 중대한, 나라가 위기에 처하는 일이 생긴 것이다. 결국 사울은 다 잡은 기회를 뒤로한 채 블레셋 사람들을 치러 올라갔다. 기적은 종종 마지막 5분 전에 일어난다. 이 사실을 안다면 끝까지 포기하지 말아야 한다. 하나님을 신뢰하고 끝까지 바라보는 신앙이 있을 때 기적이 일어난다. 올림픽 경기를 보다 보면 마지막 5분을 버티지 못해 다 잡은 승리를 놓치는 경우가 종종 있다. 마지막 5분은 긴 시간이다. 얼마나 놀라운 은혜인가? 사울은 하나님이 얼마나 위대하신 분인지 잘 몰랐다. 모든 것이 하나님의 손안에 있으며, 심지어 블레셋까지 움직이실 수 있는 분인지 몰랐다. 하나님은 다윗을 도와주기 위해 이방 군대를 움직이셨다.

우리가 믿는 하나님은 이런 분이시다. 당신은 정말 이런 하나님을 믿고 사는가? 이런 믿음을 가지고 기도하는가? 이런 믿음을 가졌다면 어떤 경우에도 실망하거나 포기하지 않을 것이다. 그리고 기도하게 될 것이다. 블레셋 군대를 움직여 다윗을 살리시는 하나님은 얼마나 멋진 분이신가? 시간까지 정확히 맞추어 모든 일을 섭리하시는 하나님을 바라본다면 우리는 결코 낙심하지 않을 것이다. 다윗이 숨어 있는 수풀 속에서도 하나님은 함께하셨다. 이리저리 피해 다니는 광야 가운데서도 하나님은 다윗에게서 눈을 떼지 않으셨다. 오늘도 나를 지키시는 하나님의 얼굴을 바라보자. 그러면 분명 힘이 날 것이다.

다윗이 수풀 요새에 숨어 있다는 보고를 받은 사울은 이렇게 말했다. "그가 이 땅에 있으면 유다 몇천 명 중에서라도 그를 찾아내리라"(삼상 23:23). 그러나 결코 그럴 수 없었다. 사울은 제일 중요한 사실 한 가지를 몰랐다. 하나님이 보호하시는 사람은 결코 해할 수도, 찾아낼 수도 없다는 사실 말이다. 하나님을 열심히 믿는 다윗을 뒤쫓는 것부터가 잘못된 선택이었다. 만약 하나님을 사랑하는 다윗을 쫓으면 쫓을수록 오히려 사울 자신이 더 위험해진다는 사실을 알았다면 애초부터 이 일을 시작하지 않았을 것이다.

진실로 하나님을 사랑하고 있는가? 나의 인생을 하나님께 드리면서 살고 있는가? 그렇다면 더 이상 나에게서 일어나는 인생의 문제를 걱정하지 말라. 어떤 경우에도 절망하지 말라. 하나님이 보호하신다. 내가 하나님을 향해 있다면 하나님 역시 나를 향해 계신다는 사실을 기억하라. 그리고 이제부턴 위기 때마다 하나님에게로 피하는 법을 배우라. 다윗처럼 어려움 속에서 기도하는 법을 배운다면 우리의 신앙은 한층 더 성숙해질 것이다. 이것이야말로 하나님이 우리에게 고난을 주시는 참된 뜻이다. 어려움 속에서 하나님의 살아 계심을 더 크게 경험할 수 있다면 잠깐 편안하게 사는 것보다 더 큰 은혜가 아니겠는가!

05

하나님의 뜻을 찾는 기도를 하라

기도의 초점은 나에게 있는 것이 아니라 하나님에게 있다.
내가 어떻게 살아야 하는지를 발견하기 위해 기도하는 것이다.
어떻게 사는 게 하나님의 영광을 드러내는 삶인지
나를 향한 하나님의 뜻을 찾기 위해 기도하는 것이다.

왜 기도해야 하는가? 하나님의 뜻을 발견하기 위해서다. 엄밀히 말하면 내가 원하는 것을 얻기 위해 기도해야 하는 것이 아니다. 기도의 초점은 나에게 있는 게 아니라 하나님에게 있다. 내가 어떻게 살아야 하는지를 발견하기 위해 기도하는 것이다. 어떻게 사는 것이 하나님의 영광을 드러내는 삶인지를 찾기 위해 기도하는 것이다. 설령 나에게 필요한 것을 구하기 위해 기도한다 할지라도 하나님 나라와 뜻과 관계가 있어야 한다. 무엇보다 먼저 구해야 하는 것이 하나님 나라와 의이기 때문이다. 그분의 나라와 그분의 뜻에 맞는 것을 찾는 일이 기도이다.

만약 우리가 기도하지 않는다면 하나님과 상관없는 삶을 살게 된다. 오직 나의 성공을 위해, 나의 명예만을 위해 살게 된다. 그러나 하나님이 도와주시지 않으면 내가 하는 모든 일은 무의미할 수밖에 없다. 하나님이 움직이지 않으신다면 나는 그 순간 모든 것을 내려놓아야 한다. 이렇게 보면 내가 편안히 숨 쉬고 잠을 자는 것도 모두 하나님의 뜻이다. 하나님의 뜻이 아니면 나의 인생은 오늘 하루로 끝날 수밖에 없다.

기도하면 놀라운 일이
일어난다

극적으로 구출받은 다윗은 사울을 피해 엔게디 광야에 숨었다(삼상 24:1). 엔게디는 십 광야에 있는 험한 계곡이다. 엔게디 골짜기에 들어서면 수많은 동굴이 보인다. 많은 사람이 숨을 수 있을 만큼 큰 동굴들이다. 사실 이처럼 깊은 계곡에 들어간다는 것은 스스로 무덤을 파는 격이 될 수도 있다. 숨기에 좋은 장소이지만 산 전체를 포위한다면 꼼짝없이 잡힐 수밖에 없기 때문이다. 사울이 많은 군대를 풀어 산을 포위한 채 좁혀 온다면 다윗은 손 쓸 도리가 전혀 없었다.

나는 엔게디(문자적으로는 '새끼 염소의 샘'이란 뜻이며, 현재는 '다윗의 샘'으로 불린다)에 직접 가본 적이 있다. 아름다운 계곡으로 이스라엘 학생들의 소풍 장소로 적합하다. 험한 골짜기를 올라가면 멀리 사해가 보였다. 계곡에는 샘이 많았다. 흐르는 계곡물은 광야에서는 보기 힘든 광경이었다. 사울을 피해 도망 온 다윗을 생각하면서 엔게디 골짜기를 오르며 동굴들을 둘러보았다. 감회가 새로웠고, 그때 당시 다윗의 기분을 느낄 수 있었다. 주위 광야에는 마땅히 몸을 숨길 데가 없었기에 그곳은 은신처로 적합했다. 계곡을 오르는 많은 관광객의 모습이 마치 다윗을 잡기 위해 산을 포위해오는 사울의 군대처럼 느껴졌다. 이 산과 저 산 사이에는 깊은 계곡이 형성되어 숨은 다윗을 발견할지라도 잡기가 어려운 지형을 가지고 있었다. 소리를 지르면 서로 들리지만 상대방이 있는 곳까지 가려면 험한 골짜기를 내려와 한참을 가야 했다. 이곳에서 숨죽인 채 숨어 있었을 다윗을 생각하면서 이 굴, 저 굴을 둘러보았다. 깊은 동굴은 태양 빛으로 한껏 열이 오른 바깥과는 달리 사람이 숨기에 좋았고, 휴식하기에 적당할 만큼 시원했다.

다윗은 동굴에 숨어 무엇을 하며 보냈을까? 단순히 몸을 피한 것이 아니라 당연히 기도하면서 그 시간을 보냈을 것이다. 하나님의 도우심을 구하면서 간절히 기도했을 다윗을 상상하며, 다음 시편을 읽어보았다. 이 시편에는 '다윗이 사울을 피해 굴에 있던 때에 지은 시'라는 표제가 붙어 있다.

하나님이여 내게 은혜를 베푸소서.
내게 은혜를 베푸소서.
내 영혼이 주께로 피하되 주의 날개 그늘 아래에서
이 재앙들이 지나기까지 피하리이다.

내가 지존하신 하나님께 부르짖음이여

곧 나를 위하여 모든 것을 이루시는 하나님께로다.

그가 하늘에서 보내사 나를 삼키려는 자의 비방에서

나를 구원하실지라(셀라).

하나님이 그의 인자와 진리를 보내시리로다.

내 영혼이 사자들 가운데에서 살며

내가 불사르는 자들 중에 누웠으니 곧 사람의 아들들 중에라.

그들의 이는 창과 화살이요 그들의 혀는 날카로운 칼 같도다.

하나님이여 주는 하늘 위에 높이 들리시며

주의 영광이 온 세계 위에 높아지기를 원하나이다.

그들이 내 걸음을 막으려고

그물을 준비하였으니 내 영혼이 억울하도다.

그들이 내 앞에 웅덩이를 팠으나 자기들이 그중에 빠졌도다(셀라).

하나님이여 내 마음이 확정되었고

내 마음이 확정되었사오니

내가 노래하고 내가 찬송하리이다.

내 영광아 깰지어다. 비파야, 수금아, 깰지어다.

내가 새벽을 깨우리로다.

주여 내가 만민 중에서 주께 감사하오며

뭇 나라 중에서 주를 찬송하리이다.

무릇 주의 인자는 커서 하늘에 미치고
주의 진리는 궁창에 이르나이다.
하나님이여 주는 하늘 위에 높이 들리시며
주의 영광이 온 세계 위에 높아지기를 원하나이다(시 57편).

그런데 놀라운 일이 일어났다. 그야말로 기도의 힘이었다. 우연이라고 보기에는 정말 일어나기 힘든 일이었다. 다윗이 기도한 대로 사울이 자신이 숨어 있는 동굴로 들어온 것이다. 사울은 "그들이 내 앞에 웅덩이를 팠으나 자기들이 그중에 빠졌도다"라는 다윗의 기도대로 다윗을 잡으려고 웅덩이를 팠다가 스스로 그 속에 빠지고 말았다(삼상 24:3). 다윗의 기도에 대한 하나님의 응답은 정확했다. 이 같은 일은 상상할 수도 없는 일이었다. 하나님이 자신과 함께하시는 모습을 바라본 다윗의 심정은 어떠했을까?

하나님의 뜻대로 순종하면
반전이 일어난다

사울은 다윗을 잡기 위해 3천 명의 군사를 거느리고 엔게디로 왔다. 이제 확실히 잡은 것이라는 자신감으로 많은 군대를 거느리고 온 것이다. 사울은 지형 조건이 험한 곳에서 잠시 휴식을 취하기 위해 캄캄한 동굴로 들어갔다. 그리고 의복과 무기들을 벗어 한쪽에 밀쳐 둔 채 용변을 보기 시작했다. 그런데 바로 그 동굴 속에 다윗이 숨어 있었다. 눈부신 햇빛 속에 있다가 어두운 동굴 속으로 들어가면 눈이 적응하지 못해 그 안을 바로 보기가 어렵다.

무장 해제를 한 사울을 바라보고 있는 다윗의 모습을 그려보자. 처음에는 무척 놀랐을 것이다. '사울이 어떻게 알고 여기까지 온 것일까?' 가슴이 철렁 내려앉았을 것이다. '이젠 끝났구나!' 그런데 사울은 용변을 보기 위해 잠시 동굴에 들어온 것이다. 다윗은 아무런 위기감도 느끼지 못한 채 용변을 보고 있는 사울 곁으로 다가가 왕의 의복 가운데 겉옷 자락을 가만히 잘라 취한 후 숨어 있던 곳으로 돌아왔다(삼상 24:4).

다윗과 함께한 사람들은 원수를 죽일 수 있는 좋은 기회가 왔으니 지금 당장 자신들이 나서서 죽이겠다고 했다. 참으로 쉽게 찾아오기 힘든 절호의 기회였다. 사울을 죽이면 모든 상황이 끝나고 쫓기는 신세도 면하기에 이처럼 좋은 기회가 없다고 생각한 것은 당연했다. 그러나 다윗은 하나님에게 기름 부음받은 자를 치는 것은 하나님이 금하시는 일임을 알았다. 다윗은 사람의 말보다 하나님 뜻에 우선순위를 두고 순종했다. 이 기회를 놓침으로 인해 자신에게 어려움이 계속 닥친다고 할지라도 지금 이 순간은 하나님 뜻이 우선이라 생각했다. 자신이 사는 것보다 하나님 말씀을 지키는 일이 더 중요하다고 생각했다. 얼마나 멋진 모습인가!

기도는 하나님의 뜻을 구하는 것이다. 지금 이 순간에 다윗은 하나님을 생각했고 기도했다. 기도 응답을 받고 그 응답대로 실천했다. 이것이 성경이 말하는 기도의 모습이다. 주위 사람의 말이 아니라 하나님의 말씀을 듣는 것이 기도이다. 기도하는 사람은 그 생각이 항상 하나님에게 열려 있어야 한다. 마음의 창문을 하나님에게 열어 놓아야 한다. 그리고 그곳으로부터 오는 하늘의 빛을 받아야 한다. 다윗은 자신이 코너에 몰린 위기 속에서 그 위기를 극적으로 반전시킬 수 있는 절호의 기회가 왔음에도 그 기회를 선택하지 않고 하나님 뜻을 따랐다.

대부분의 사람은 언제나 자기 유익을 구하는 관점에서 모든 것을 해석한다. '당신이라면 이 상황에서 어떻게 했을까?' 비록 사울을 죽이지는 않을지언정 생포라도 했을 것이다. 이 상황을 십분 활용해 국면을 전환했을 것이다. 그렇게 하기에 충분한 상황이었다. 오히려 그것이 하나님의 방법이라고 합리화했을 수도 있다. 그러나 다윗은 하나님의 말씀을 정확히 알고 있었다. "여호와의 기름 부음을 받은 내 주를 치는 것은 여호와께서 금하시는 것이니"(삼상 24:6). 다윗은 자기 힘이 아니라 하나님 말씀으로 상황을 이겨냈다. 위기에 처했을 때 위력을 발휘하는 것은 하나님 말씀이다. 평소에 심중에 담아 둔 그 말씀이 지침이 되어 우리로 하여금 하나님 뜻을 행하게 한다.

사건과 응답보다
말씀이 먼저다

그런데 왜 우리는 다윗처럼 하지 못하는가? 말씀이 없어서다. 있어도 그 말씀에 대한 확신이 적어서다. 우리는 자기 생각대로 하나님의 뜻을 정하고 그대로 행한다. 이때 효과적으로 사용하는 도구가 기도이다. 우리는 종종 기도했기에 하나님의 뜻이라는 이상한 등식을 사용한다. 기도를 나의 뜻을 하나님의 뜻으로 만드는 변환 장치쯤으로 생각한다. 이것은 기도에 대한 잘못된 생각 중 하나이다. 오히려 기도는 하나님 뜻을 찾는 도구이다. 기도가 능력이라기보다는 하나님 뜻이 능력이다. 하나님의 뜻을 발견하게 하는 것이 기도이다.

이것을 뒤바꿔서는 안 된다. 하나님 말씀이 빠진 기도는 더 이상 기도가 아니다. 이것으로 기도를 위장해서는 안 된다. 기도를 오래 하거나 많은 시간 공들이는 것은 큰 문제가 되지 않는다. 중요한 것은 그 속에서 발견되는 하나님 뜻이 무엇인가 하는 점이다. 오래 기도하고 많은 시간을 들여 기도하는 일도 알고 보면 하나님 뜻을 찾고, 그 뜻을 위해 나의 몸과 마음을 드리는 것이다.

다윗과 함께한 사람들은 사울을 죽이자고 했다. 그들은 하나님 뜻과 상관없이 자신들의 생각에 매여 있었다. 이런 점에서 주위 사람의 이야기를 잘 가려들어야 한다. 그렇지 않으면 한순간에 망할 수도 있다. 주님만이 진정한 모사이시다. 모든 일을 그분에게 묻고 결정하는 자세가 필요하다.

다윗은 사울의 옷자락을 벤 것만으로도 마음이 찔렸다. 그마저도 하지 말았어야 했다고 생각한 것 같다. 사울을 간접적으로 죽인 것이나 다름없었기 때문이다. 다윗은 하나님을 전폭적으로 의지하는 힘이 다소 약했던 것 같다. 옷자락을 베는 것조차도 하나님에게 맡기고 나가는 것이 중요했다. 우리보다는 더없이 훌륭하지만 하나님의 입장에서 보면 다윗에게 더 많은 훈련이 필요함을 보여주는 대목이다.

이 일로 인해 사울은 공식적으로 다윗을 왕으로 인정하게 된다. 사울은 자신을 살려준 다윗을 향해 이렇게 말한다. "보라. 나는 네가 반드시 왕이 될 것을 알고 이스라엘 나라가 네 손에 견고히 설 것을 아노니 그런즉 너는 내 후손을 끊지 아니하며 내 아버지의 집에서 내 이름을 멸하지 아니할 것을 이제 여호와의 이름으로 내게 맹세하라"(삼상 24:20-21). 사울은 공식적으로 다윗의 승리를 인정했다. 누가 승리자인가? 죽을 수밖에 없는 사람을 살려 준 사람이 진정한 승리자이다. 적을 죽이는 자가 승리자가 아니라 은혜를 베풀고 하나님에게 맡기는 자가 승리자이다. 이것이 사울의 말에서 얻을 수 있는 교훈이다. 사울은 스스로 패배를 인정한 셈이다. 칼은 승리를 이루지 못한다. 진실한 사랑과 하나님에게 맡기는 자세만이 진정한 승리를 이룰 수 있다. 하나님은 하나님의 뜻을 이루는 사람에게 최후의 승리를 안겨주신다.

비록 사울은 자신의 패배를 인정하긴 했지만 회개하진 않았다.

굴욕적인 상황에서 다윗의 승리를 인정했지만 그것이 전부였다. 사울의 삶은 여전히 달라지지 않았다. 회개는 순종으로 나타나야 하고, 그 마음이 하나님에게 돌아와야 한다. 하나님을 인식하지 않는 상황에서 자기반성은 문제를 더 어렵게 한다. 진정한 뉘우침이라고 볼 수 없다. 이런 사람은 나중에 또다시 배신하며 죄를 저지른다. 왜 그럴까? 진정한 회개가 이루어지지 않았기 때문이다.

사울은 당장이라도 회개하며 기도했어야 했다. 이 일을 통해 하나님 뜻을 깨달았어야 했다. 사울을 하나님에게 돌아서지 못하게 한 근본 원인은 무엇이 하나님 뜻인지를 몰랐다는 데 있다. 하나님의 기름 부음을 받은 사울이라면 다윗을 잡기 위해 힘쓴 시간을 오히려 하나님의 뜻을 찾는 시간으로 바꾸었어야 했다. 참으로 아쉬움이 남는 부분이다.

06

하나님의 음성을 듣는 통로를 제한하지 말라

비록 어린아이의 말일지라도 잘 새겨들어야 한다.
그러면 그 속에서 하나님의 음성을 들을 수도 있다.
기도하는 사람은 하나님의 음성을 기도뿐만 아니라
주위 사람을 통해서도 들을 수 있어야 한다.

기도는 하늘의 지혜를 얻는 통로이다. 누구든지 지혜가 부족할 때는 하나님에게 구해야 한다. "너희 중에 누구든지 지혜가 부족하거든 모든 사람에게 후히 주시고 꾸짖지 아니하시는 하나님께 구하라. 그리하면 주시리라"(약 1:5). 사람들은 항상 어리석을 수 있다. 사람이 한 번 지혜롭다고 해서 늘 지혜로운 것은 아니다. 이런 의미에서 지혜로운 사람과 어리석은 사람이 정해져 있는 것도 아니다. 하나님을 의지하고 늘 기도에 힘쓰면 지혜로운 사람이 되지만 그렇지 않으면 누구나 어리석은 사람이 될 수 있다. 이것이 우리가 항상 기도에 힘써야 하는 이유이다. 어제의 지혜로움이 오늘의 지혜로움으로 자연스럽게 연장되진 않는다.

지혜는 사소한 일에
목숨 걸지 않는 것이다

다윗은 바란 광야에 이르렀다. 여전히 쫓기는 광야생활을 하고 있었다. 이처럼 정처 없이 떠돌아다녀야 하는 광야생활은 다윗에게 더없이 좋은 훈련 기간이었다. 다윗은 광야에 머무는 동안 나발이라는 아주 부유한 목축업자의 가축들을 돌봐주었다. 약탈자가 침입하지 못하도록 밤낮으로 담이 되어 도와주었다(삼상 25:16). 그런데도 나발은 다윗의 양식 부탁을 매몰차게 거절했다. 거기다가 모욕까지 했다. 나발은 오직 재물에만 눈이 어두워 사리를 잘 분별하지 못하는 어리석은 사람이었다. 실제로 나발의 이름에는 '어리석음'이라는 뜻이 있다. 이 단어는 '실패하다'라는 뜻을 가진 히브리 동사에서 나온 말이다. 어리석은 사람은 자신이 하는 행동이 실패하는 일인지 잘 모른다.

양털을 깎는 기간에는 축제를 열어 이웃과 나그네에게 관용을 베푸는 것이 전통이었다. 따라서 다윗이 나발에게 양식을 부탁한 것은 결코 무리한 일이 아니었다. 그런데도 나발은 다윗을 모욕하며 다윗의 요구를 단번에 거절했다. 아마도 다윗을 광야의 떠돌이쯤으로 여긴 것 같다. 어리석은 사람은 외모만 보고 사람을 판단하는 특징이 있다. 어리석은 사람은 미래의 일을 내다보지 못한 채 당장 눈앞의 이익만 챙긴다. 진실에는 별로 관심이 없고 오직 부귀에만 매달린다.

분노한 다윗은 함께한 사람들에게 명령을 내려 무장을 하고 나발을 응징하기 위해 나섰다. 다윗은 나발에게 속한 모든 남자를 멸하겠다고 마음먹었다. 그런데 가는 도중 나발의 아내 아비가일을 만났다. 아비가일은 남편 나발과 달리 지혜로운 여인이었다. 아비가일은 다윗에게 간절히 애원하면서 다윗의 위치를 확인시켜주었다. 그녀가 한 말의 요지는 다음과 같다. "다윗이여, 원수를 갚는 것은 당신이 할 일이 아닙니다. 광야는 당신이 얼마나 강한지, 당신이 얼마나 보복을 잘하는지를 보여주는 곳이 아닙니다. 광야는 하나님의 뜻을 발견하는 장소입니다. 그러므로 당신은 나발처럼 어리석은 사람이 되지 마세요."

다윗은 지혜로운 아비가일의 말을 그대로 새겨들었다. 아비가일을 통해 들린 하나님의 말씀을 경청했다. 이것이 다윗의 위대함이다. 다윗은 아비가일을 통해 자신의 행동이 얼마나 어리석은 짓인지 깨달았다. 어리석음에 빠질 뻔했던 위기의 순간에 아비가일을 만난 것은 하나님의 축복이었다. 다윗의 말을 들어보면 이 사실을 더욱 분명히 알 수 있다. "다윗이 아비가일에게 이르되 오늘 너를 보내어 나를 영접하게 하신 이스라엘의 하나님 여호와를 찬송할지로다. 또 네 지혜를 칭찬할지며 또 네게 복이 있을지로다. 오늘 내가 피를 흘릴 것과 친히 복수하는 것을 네가 막았느니라. 나를 막아 너를 해하지 않게 하신 이스라엘의 하나님 여호와의 살아 계심을 두고 맹세하노니 네가 급히 와서 나를 영접하지 아니하였더면 밝는 아침에는 과연 나발에게 한 남자도 남겨 두지 아니하였으리라"(삼상 25:32-34).

다윗은 나발에 대한 복수심과 증오심, 또 자존심 등이 어우러져 자칫하면 큰 어리석음을 저지를 뻔했다. 혈기와 분노에 사로잡히면 한순간에 어리석은 사람이 될 수 있다. 다윗도 예외가 아니었다. 어리석은 사람에게 대항하면 함께 어리석어진다. 그동안 광야에서 힘들게 갈고닦았던 다윗의 인격이 한순간에 무너질 수 있는 위기 상황에 나타난 아비가일은 구원자였다. 하나님의 뜻을 전한 메신저였다. 아비가일의 현명함과 아름다움에 접촉한 다윗은 자신의 본래 위치를 찾게 되었다. 얼마나 감사한 일인가? 이처럼 지혜로운 사람을 만나게 하신 것은 다윗을 향한 하나님의 은혜이자 놀라운 축복이었다.

묻지 않고 자기 의를
드러내는 다윗

여기서 우리는 "다윗이 왜 이 상황에서 하나님에게 묻는 기도를 하지 않았을까?"라는 의문을 품게 된다. 사람은 손쉽게 처리할 수 있는 상황에서는 기도를 잊어버린다. 자기 힘으로 할 수 있을 때는 하나님을 잊어버린다. 도리어 감정과 분노와 자존심이 앞선다. 그만큼 자신이 아직도 살아 있다는 증거요, 어느 정도 힘이 있다는 의미다. 나발을 쳐서 죽일 수도 있는 힘이 있다는 자만심이 다윗으로 하여금 기도하지 않게 했고, 어리석은 결정을 하게 만들었다. 다윗에게는 4백여 명의 군사들이 있었다. 나발 정도는 한순간에 없앨 수도, 혼내줄 수도 있었다. 하지만 이 얼마나 어리석은 생각인가?

오늘 우리도 똑같은 잘못을 저지를 때가 많다. 특히 힘이 있을 때 조심해야 한다. 누구나 약하고 힘이 없을 때는 겸손한 모습으로 하나님을 의지한다. 하나님에게 묻고 기도에 힘쓴다. 사소한 일도 하나님에게 아뢴다. 그러나 어느 정도 힘이 생기고 어려움에서 벗어나면 교만해져서 하나님을 잊어버리고 자기 생각대로 행동한다. 아무리 오랫동안 광야에서 훈련하고 하나님의 음성을 듣는 법을 터득할지라도 무너지는 것은 한순간이다.

약할 때가 곧 강함이요, 강할 때가 곧 약함이라는 진리를 항상 마음에 품어야 한다. 그렇지 않으면 한순간에 무너질 수 있다. 나의 한마디에 모든 일이 잘 이루어지는 때를 조심해야 한다. 우리 중에 이 같은 힘을 가진 사람이 얼마나 많은가? 이 일은 교회 안에서도 생길 수 있다. 쉽게 혈기를 부리고, 작은 일에도 분노하며, 참을 줄 모르는 무자비한 모습이 있다면 오늘 다윗을 기억해야 한다.

생각지도 못한 은혜로
구원하시는 하나님

하나님은 기도하지 않고 자기 생각과 힘에 따라 행동하는 어리석은 사람에게 아비가일과 같은 지혜로운 사람을 통해 하나님 뜻을 전하신다. 어떤 때는 교사나 리더들, 목회자나 선교사들을 통해 하나님의 뜻을 전하신다. 어떤 때는 아주 작은 주변 사람을 통해 하나님 말씀을 깨닫게도 하신다. 그러므로 자신에게 다가오는 사람들을 함부로 대하지 말고 그들의 말을 경청할 필요가 있다. 비록 어린아이의 말일지라도 잘 새겨들어야 한다. 그러면 그 속에서 하나님의 음성을 들을 수도 있다.

기도하는 사람은 하나님의 음성을 기도뿐만 아니라 주위 사람을 통해서도 듣는다. 성경을 보면 사람을 통해 하나님 뜻이 전달된 예가 많다. 자기 고집에만 사로잡혀 다른 사람의 말을 경청하지 않으면 어리석은 자가 된다. 우리의 기도가 약할 때는 하나님이 사람들을 통해 기도하게 하시고, 하나님 뜻을 전달하심을 잊지 말아야 한다.

우리는 아비가일의 말처럼 다윗이 나발을 손보지 않아도 하나님이 그분의 공의로 처리하심을 볼 수 있다. 열흘 후에 나발은 하나님이 치심으로 말미암아 죽는다. 만약 다윗이 나발을 죽였다면 하나님은 하실 일이 없어진다. 하나님이 처리하셔야 할 악을 자신이 대신 처리하는 일은 자신이 곧 하나님이 되려는 악한 행위이다.

어리석은 사람이 되지 않기 위해 다윗이 기도하며 노래한 다음의 시편을 음미해볼 필요가 있다. 우리 자신이 어리석음에 빠지려고 할 때마다 이 말씀을 묵상하며 기도하면 더없이 좋을 것이다.

어리석은 자는 그의 마음에 이르기를

하나님이 없다 하는도다.

그들은 부패하고 그 행실이 가증하니

선을 행하는 자가 없도다.

여호와께서 하늘에서 인생을 굽어살피사
지각이 있어 하나님을 찾는 자가 있는가 보려 하신즉
다 치우쳐 함께 더러운 자가 되고
선을 행하는 자가 없으니 하나도 없도다.

죄악을 행하는 자는 다 무지하냐.
그들이 떡 먹듯이 내 백성을 먹으면서
여호와를 부르지 아니하는도다.
그러나 거기서 그들은 두려워하고 두려워하였으니
하나님이 의인의 세대에 계심이로다.

너희가 가난한 자의 계획을 부끄럽게 하나
오직 여호와는 그의 피난처가 되시도다.
이스라엘의 구원이 시온에서 나오기를 원하도다.
여호와께서 그의 백성을 포로된 곳에서 돌이키실 때에
야곱이 즐거워하고 이스라엘이 기뻐하리로다(시 14편).

07

말씀을 마음에 품고
기도하라

평소에 마음에 말씀을 풍성하게 가득 채우라.
말씀이 생각나게 해달라고 기도하라. 말씀으로 기도하게 하라.
그러면 그 말씀이 죄악에서 나를 지켜줄 것이다.

예수님의 산상수훈을 보면 "온유한 자는 복이 있나니 그들이 땅
을 기업으로 받을 것임이요"(마 5:5)라는 축복의 말씀이 나온다. 온
유함이란 무엇인가? 잘 절제된 힘이다. 힘이 있다고 함부로 사용해
서는 안 된다. 올바르게 사용하지 않으면 오히려 독이 될 수도 있다.
역사를 살펴보더라도 자기에게 주어진 힘을 잘못 사용하여 멸망에
이른 사람들이 많다. 포악함으로 사람들에게 아픔을 준 악한 지도자
들은 온유함이 없었다. 반면 좋은 지도자들은 온유한 사람들이었다.

지도자에게는 온유함이 절대적으로 요구된다. 지도자는 많은 힘
을 가졌기에 온유함이 없으면 자신에게 있는 힘을 잘못 사용할 가능
성이 크다. 따라서 온유함을 풍성하게 갖는 것은 지도자의 자격에
한 걸음 다가서는 일이다. 온유함이란 하나님의 뜻에 따라 자신의

힘을 절제하는 것이다. 하나님의 날을 묵묵히 참고 기다리며 자신의 힘을 절제하는 믿음이다.

하나님은 언약을 지킬 때
도와주신다

　　　　　다윗은 나발의 사건에서 자신을 절제하지 못했다. 분노를 삭이지 못해 나발을 죽이려고 했다. 다행히 지혜로운 아비가일의 권면으로 다시 제정신을 차렸다. 이 사건을 통해 다윗은 많은 깨달음을 얻었다. 한층 더 성숙해졌다. 그렇게 다윗의 광야생활은 계속되었다. 도피생활이 얼마나 계속될지는 아무도 모른다. 하나님의 훈련과정이기에 하나님이 허락하셔야 끝난다. 고난은 내가 마음대로 할 수 있는 일이 아니다. 고난을 거부한다고 해서 고난이 사라지는 것도 아니다. 특히 하나님이 주시는 고난은 그대로 받아들여야 한다. 인내하고 참는 것이 현명하다. 바로 이때가 믿음을 키우는 적기다. 고난의 유익을 깨닫는다면 고난을 보다 기쁘게, 보다 힘들지 않게 견딜 수 있을 것이다.

　다윗은 예전에 머문 적이 있는 십 광야에 다시 이르렀다. 아마도 마땅히 숨을 곳이 없었던 모양이다. 이스라엘에 가보면 알 수 있지만 땅이 그리 크지 않다. 우리나라 강원도 정도다. 그러니 숨을 만한 곳이 어디 있겠는가? 사실 숨는 입장에서 보면 숨을 곳이 얼마 되지 않는다. 우리나라에서 숨을 곳이 뻔한 것처럼 말이다. 태백산이나 지리산 정도 외에는 마땅히 숨을 만한 곳이 없다. 더욱이 이스라엘은 손바닥처럼 훤히 들여다볼 수 있는 지형이기에 사울이 그를 찾아내는 것은 그리 어려운 일도 아니다. 그래서 그랬을까. 다윗이 십 광야 앞에 있는 하길라 산에 숨어들자, 십 사람이 사울에게 다윗의 숨은 곳을 알려주었다. 그러자 사울은 다윗을 죽이기 위해 이스라엘에서 택한 3천 명을 이끌고 십 광야로 들이닥쳤다.

사무엘상 26장의 내용은 바로 앞의 24장과 비슷하다. 하지만 세부적으로 살펴보면 많이 다르다. 비슷한 내용이 반복해서 나오는 것은 사울을 통해 다윗이 진정한 왕임을 드러내기 위함이다. 이번 대면은 사울과 다윗의 마지막 만남이었다. 사울은 하길라 산 길가에 진을 쳤다. 사울이 오는 것을 미리 감지한 다윗은 정탐꾼을 보내 사울의 위치를 알아냈다. 밤이 되자 사울은 진에서 휴식을 취했다. 사울은 진영 가운데 누웠고, 군사들은 그를 둘러 누워 있었다.

다윗과 아비새는 어둠을 틈타 사울의 진영으로 들어가 진영 가운데서 자고 있는 사울을 발견했다. 그 모습을 본 아비새가 다윗에게 말했다.

"원수를 당신의 손에 넘기셨나이다. 그러므로 청하오니 내가 창으로 그를 찔러서 단번에 땅에 꽂게 하소서."

그러나 다윗이 제지했다.

"죽이지 말라. 누구든지 손을 들어 여호와의 기름 부음받은 자를 치면 죄가 없겠느냐."

다윗은 예언적인 성격의 말을 덧붙였다.

"여호와께서 그를 치시리니 혹은 죽을 날이 이르거나 또는 전장에 나가서 망하리라. 내가 손을 들어 여호와의 기름 부음받은 자를 치는 것을 여호와께서 금하시나니."

그러고는 창과 물병만 가지고 나왔다. 아무리 자고 있다 할지라도 적진에 들어가 창과 물병을 가지고 나오는 것은 쉬운 일이 아니다. 한 사람이라도 깨면 발각되어 죽임을 당할 수도 있었다. 하지만 하나님 뜻을 알고 그 뜻에 순종하는 다윗을 하나님께서 도와주셨다.

성경은 이 사건에 관해 다음과 같이 설명한다. "다윗이 사울의 머리 곁에서 창과 물병을 가지고 떠나가되 아무도 보거나 눈치채지 못하고 깨어 있는 사람도 없었으니 이는 여호와께서 그들을 깊이 잠들게 하셨으므로 그들이 다 잠들어 있었기 때문이었더라"(삼상 26:12).

여기에 나오는 '깊은 잠'(히브리어 타르데마)이라는 단어는 창세기 2장 21절에서 여호와가 남자의 갈빗대 하나를 취해 여자를 창조하시려고 어떻게 남자를 무의식에 빠뜨리셨는지를 묘사하기 위해 사용된 단어와 같다. 즉 무의식 상태를 의미한다. 하나님이 잠들게 하시면 누구도 깨어나지 못한다. 하나님이 적들을 깨어나지 못하게 하시는 한 안전하다. 이 장면은 하나님이 다윗을 얼마나 사랑하시는지 보여준다. 이처럼 하나님이 우리를 보호하신다면 누구를 무서워할 이유가 있겠는가? 하나님은 말씀에 순종하는 다윗을 버리지 않으셨다. 하나님은 언약을 지키는 자를 사랑하고 도와주신다.

어려울 때 말씀이
생각나야 하는데

이 사건 속에 우리가 생각하는 일반적인 형태의 기도는 없다. 하지만 하나님이 명령하신 말씀을 기억하고 순종하는 다윗의 마음의 기도를 읽을 수 있다. 반면 아비새는 인간적인 생각으로만 행동하려고 했다. 하나님의 일을 생각하지 않고 사람의 일을 생각하며 행동에 나서려고 했던 베드로의 모습과 비슷하다. 사람들은 왜 기도를 잊어버리고 자신의 생각에 이끌리는가? 그 마음에 하나님 말씀이 없기 때문이다.

어려움에 처할 때마다 하나님 말씀이 생각나야 한다. 그런데 뜻대로 잘되지 않는다. 그 결과 사람의 생각이 앞서게 된다. 기도는 특별한 때만 필요한 것이 아니다. 오히려 일상에서 더 필요하다. 이때의 기도는 제의적인 기도라기보다 상황 속에서 하나님 뜻에 자신의 행동을 맞추는 움직이는 기도이다. 우리에게도 다윗과 같은 기도가 필요하다. 삶 속에서 마음으로 하는 기도 말이다. 인간적으로는 상황에 따라 얼마든지 이렇게도 저렇게도 행동할 수 있다. 그러나 마음속에 떠오른 하나님 말씀을 따라 하나님 뜻을 이루는 위대한 행동은 인간의 힘으론 불가능하다. 그래서 대부분 아비새처럼 행동한다. 하나님의 생각이 아니라 사람의 생각이 우리의 마음을 지배하면 아비새와 같은 모습이 되기 쉽다.

항상 하나님의 뜻을 사모함으로 말미암아 모든 삶이 그 뜻을 이루는 데 집중된다면 우리도 다윗처럼 행동할 수 있다. 이것이 항상 기도하는 삶이다. 쉬지 않고 기도하는 삶이다. 우리의 생각과 마음을 하나님에게 집중시키면 그 자체가 기도가 된다. 그 기도에서 나오는 행동은 하나님을 기쁘시게 한다. 다윗처럼 살기 위해서는 마음에 늘 하나님의 말씀을 담아 두어야 하고, 깊이 묵상해야 한다. 그러면 말씀이 나로 하여금 기도하게 하고, 하나님의 뜻을 알게 한다.

우리에게는 매일, 매 순간 다윗과 같은 삶의 기도가 필요하다. 갑작스러운 어려움을 만났을 때나 분, 초를 다투는 중요한 일을 결정해야 할 때는 산속에 들어가서 기도하고 나올 시간적인 여유가 없다. 얼마 동안 기도의 시간을 가질 수 있는 상황도 아니다. 바로 그 순간 해결하거나 결정해야 한다. 우리가 할 수 있는 것은 고작 "주님, 어떻게 해야 하죠? 도와주세요"라는 기도가 전부이다. 하지만 이렇게 기도했음에도 아무런 일도 일어나지 않고, 답답한 상황이 계속되는 것을 누구나 한 번쯤은 경험했을 것이다.

이때 필요한 것이 무엇인가? 하나님 말씀이다. 하나님 말씀을 떠올리는 것이다. 그 말씀을 기준으로 행동하는 것이다. 그러면 틀림없다. 하나님 말씀이 떠올라야 한다. 그런데 우리에게는 아무런 말씀도 생각나지 않는다. 말씀 훈련이 되어 있지 않기 때문이다. 그로 인해 답답함을 더 느낀다. "주님, 저에게 대체 어떻게 하라는 말씀입니까? 방법을 가르쳐주세요." 아마 주님이 더 답답해할지도 모른다.

위기의 순간에 힘을 발휘하는 것이 말씀이다. 성령이 역사하고 말씀하시려고 해도 우리 안에 말씀이 빈약하기에 힘들 수밖에 없다.

따라서 평소에 하나님 말씀을 기억하고 묵상하며 마음에 담아 두는 일이 절대적으로 중요하다. 유비무환이라는 말이 바로 여기에 적용된다. 정말로 하나님의 역사가 일어나기를 원하는가? 평소에 하나님 말씀을 많이 읽고 배우고 기억하기 바란다. 마치 컴퓨터에 많은 용량의 자료를 저장해두었다가 필요할 때 사용하는 것처럼 마음에 말씀을 많이 저장해두기 바란다. 그러면 하나님이 나를 사용하기 편하실 것이다. 하나님은 인격적인 분이시다. 이미 있는 것을 가지고 사용하기 원하시지, 자꾸 새로운 것을 주는 마법사와 같은 분이 아니다. 그런데도 우리는 하나님을 오해하고 있는 경우가 얼마나 많은가?

말씀을 축적한 만큼
기억난다

　　　　우리는 평소에 마음에 하나님 말씀을 새기는 일을 게을리하다가 급할 때는 하나님이 새로운 계시의 말씀을 주시길 원한다. 그 순간에 필요한 새로운 말씀을 주셔서 나의 길을 가르쳐달라는 식의 기도를 한다. 하지만 새로운 말씀은 이미 있는 말씀을 근거로 온다는 사실을 알아야 한다. 사실 새로운 것은 없다. 이미 주신 말씀 안에 다 들어 있다. 이런 점에서 새로운 계시를 찾는 일을 조심해야 한다. 하나님 뜻에서 빗나갈 가능성이 매우 높다. "내가 주께 범죄하지 아니하려 하여 주의 말씀을 내 마음에 두었나이다"(시 119:11).

마음에 말씀을 두고 늘 기억하는 일이 기도의 핵심이다. 기도를 통해 말씀이 생각나고 그 말씀이 나의 삶에 적용된다면 지혜로운 선택을 하게 될 것이다. 이것이 기도로 살아간다는 의미다. 매일 닥치는 일상에서 그 상황에 적합한 하나님 말씀이 생각나는가? 아니면 나의 생각으로 가득 차 있는가? 나의 생각으로 가득 차 있는 상황에서의 기도는 능력이 없다. 기도하고 결정했음에도 여전히 나의 생각으로 할 수밖에 없다. 그 순간 나의 기도는 나의 생각과 결정을 합리화시켜주는 인증 장치일 뿐이다. 마치 주문식 기도와 같다. 그저 나와 함께해달라는 기도는 하나님을 나에게로 끌어당기는 것이다. 이것은 성경이 말하는 기도가 아니다.

그렇기에 우리는 평소에 마음에 말씀을 풍성하게 가득 채워야 한다. 말씀이 생각나게 해달라고 기도하자. 말씀으로 기도하면 그 말씀이 죄악에서 나를 지켜줄 것이며, 기도에 하나님의 능력이 나타날 것이다. 매일, 매 순간 일상에서 기도하게 될 것이다.

08

기도 응답의 비밀을
놓치지 말라

하나님의 응답은 뜻하지 않은 곳에서 온다. 작은 것
하나를 놓치지 않고 그 존재를 하나님의 마음으로 대하고
선을 베푸는 것이 응답받는 비결이다.

우리는 하나님이 어디 계신지 잘 모른다. 하나님은 어느 한 곳에 계시지 않기에, 하나님은 우리 눈에 잘 보이지 않기에 우리가 그분을 찾기란 쉽지 않다. 우리는 언제가 하나님을 만나는 시간인지 잘 모른다. 그러나 분명한 것은 그리스도인에게 모든 시간과 장소, 모든 상황은 하나님과 연관되어 있다는 점이다. 사람들은 당시에는 그것을 미처 깨닫지 못하다가 후에야 비로소 그 사실을 고백한다.

영국에 신앙의 자유가 없던 시절, 나라의 허락을 받지 않고 설교했다는 이유로 한 사람이 감옥에 갇혔다. 그는 12년이라는 긴 세월을 억울하게 감옥에서 보내야 했다. 그 사이에 아내가 죽었고, 세 자녀는 고아 신세가 되었다. 참으로 비참한 상황에서 그는 이렇게 기도했다.

"하나님, 너무너무 고통스럽습니다. 주님을 위해 제가 할 일이 아직 남아 있습니까? 만약 제가 그 일을 볼 수만 있다면 저는 절망하지 않겠습니다."

그 순간 주님이 그의 마음속에 감동을 주셨다.

"너는 글을 써라. 나는 네게 글을 쓰는 달란트를 주었단다."

주님 앞에 엎드려 기도하던 그에게 환상이 보였다. 하나님의 나라를 향해 걸어가는 한 사람이 보인 것이다. 그는 그때부터 책을 쓰기 시작했다. 그 사람이 바로 존 번연이다. 그리고 그가 쓴 책은 위대한 기독교 고전 「천로역정」이다. 만약 그에게 이해할 수 없는 고난이 없었다면 「천로역정」은 빛을 보지 못했을 것이다.

기도 응답의 비밀을
놓치지 말라

다윗은 사울을 살려주는 은혜를 베풀었다. 사울은 그 보답으로 "내 아들 다윗아 네게 복이 있을지로다. 네가 큰일을 행하겠고 반드시 승리를 얻으리라"(삼상 26:25)고 말함으로써 다윗의 승리를 선언했다. 더 이상 다윗에게 싸움을 걸지 않겠다는 뜻이다. 하지만 다윗은 사울의 말을 신뢰할 수 없었다. 다윗은 마음속으로 '내가 후일에는 사울의 손에 붙잡히리니 블레셋 사람의 땅으로 피하는 것이 좋겠다'라고 생각하고, 이방 땅 블레셋으로 들어갔다. 오죽했으면 적진인 블레셋 땅으로 갔겠는가? 아마도 유다 땅에는 더 이상 사울의 눈을 피해 숨을 곳이 없었던 모양이다. 다윗으로서는 용납할 수 없는 치욕스러운 일이었지만 살기 위해선 어쩔 수 없는 선택이었다. 이것은 다윗이 얼마나 바닥에 이르렀는지를 잘 보여준다.

블레셋 땅으로 들어간 다윗은 적장인 아기스에게 지방 성읍을 내어달라고 부탁했다. 그러자 아기스왕은 다윗에게 기꺼이 시글락을 내주었다. 이것은 다윗이 아기스의 부하가 된다는 것을 의미했다 (삼상 27:12). 다윗은 일시적으로 그렇게 해서라도 생명을 부지하려고 했다. 다윗은 아직도 생명의 위협을 느끼고 있었다. 아무튼 이방 땅으로 내려간 다윗은 이방 왕의 신하가 되어 성읍까지 부여받았다. 블레셋으로 망명한 다윗은 아기스왕으로부터 받은 시글락에서 16개월 동안 거주했다. 도피 중이던 다윗에게는 더할 나위 없는 특별한 은혜였다. 후에 시글락은 유다 왕에게 속한 땅이 되었다. 이제 다윗의 광야생활도 막바지에 접어들었다.

사무엘상 30장에 보면 아말렉 사람들이 다윗의 성읍인 시글락을 쳐서 불사르고 여자들과 아이들을 사로잡아 가는 사건이 발생한다. 다윗의 두 아내인 이스르엘 여인 아히노암과 나발의 아내였던 아비가일도 사로잡혔다. 다윗은 이 사실을 알고 소리 높여 울었다. 다윗과 함께한 사람들은 자기 가족이 화를 당한 것은 모두 다윗 때문이라며 다윗을 돌로 치려고 했다. 지도자인 다윗에게 책임을 물은 것이다. 사실 틀린 말은 아니다. 그래도 너무 야속하지 않은가?

그러나 다윗은 그들을 원망하지 않고, 오히려 힘과 용기를 달라며 하나님을 의지했다. 다윗은 하나님이 도와주셔야만 이 문제를 해결할 수 있다는 사실을 알았다. 그래서 하나님께 물으면서 기도했다. "내가 이 군대를 추격하면 따라잡겠나이까?" 그러자 하나님은 즉시 응답해주셨다. "그를 쫓아가라. 네가 반드시 따라잡고 도로 찾으리라"(삼상 30:8). 다윗은 하나님의 응답을 받고 쫓아가서 아말렉 사람들을 무찌르고 잃었던 모든 것을 되찾았다.

그런데 이 승리에 결정적으로 기여한 사람이 있었다. 그는 하나님이 보내주신 자로 아말렉 진영의 낙오병이었다. 무리가 들에서 애굽 사람 하나를 만나 다윗에게로 데려왔다. 다윗은 그에게 떡을 먹게 하고 물을 마시게 했다. 또 무화과 뭉치에서 뗀 덩이 하나와 건포도 두 송이를 주었다. 그는 사흘 밤낮을 먹지도 못한 채 굶주린 상태였다. 다윗은 이런 그를 정성스럽게 보살펴 살려주었다. 그는 시글락의 가족들을 모두 잡아간 아말렉 군대의 한 병사였다. 그런데 병이 들자 아말렉 사람들이 그를 버렸던 것이다.

결국 다윗은 그의 안내로 아말렉 군대가 주둔한 곳을 찾게 되었고, 새벽에 급습하여 승리를 얻었다. 다윗에게 발견된 아말렉의 낙오병은 분명히 하나님이 주신 기도 응답의 일부였다. 다윗이 적군의 낙오병을 도와준 것은 선한 사마리아인 비유를 생각나게 하는 장면이다. 하나님은 버려진 작은 자 하나를 통해 하나님의 응답의 길을 보여주셨다. 다윗은 그 응답의 보물을 놓치지 않았다.

기도 응답은
하나님에게 있다

하나님의 기도 응답은 신비하게 이루어진다. 언제 어디서 어떻게 하나님의 응답이 임할지 모른다. 그러므로 기도 응답을 구하는 사람은 자신의 마음을 항상 하나님에게로 향하고 있어야 한다. 이것은 동시에 이웃에게로 향하고 있어야 한다는 의미이기도 하다. 우리는 기도 응답의 채널을 인간의 관점에서 찾는 경우가 많다. 그로 인해 하나님께서 이미 응답을 주셨음에도 깨닫지 못한 채 지나치는 경우가 종종 있다. 우리의 무지와 욕심으로 인해 하나님의 응답을 발견하지 못하는 것이다. 하나님의 응답은 뜻하지 않은 곳에서 온다. 작은 것 하나를 놓치지 않고, 그 존재를 하나님의 마음으로 대하여 선을 베푸는 것이 응답받는 비결이다.

만약 다윗이 낙오병 하나를 하찮게 여겨 그냥 지나쳤다면 오늘의 승리를 얻지 못했을 것이다. 기도하면 하나님이 무조건 다 들어주시는가? 그렇지 않다. 우리 마음이 정욕으로 가득 차 있을 때는 응답해주시지 않는다. 예수님은 "작은 자 하나에게 하지 아니한 것이 곧 내게 하지 아니한 것이니라"고 말씀하셨다. 작은 자를 소중히 여기고, 한 영혼을 사랑하며, 그를 하나님의 마음으로 대하는 것이 기도 응답을 경험하는 길이다.

우리는 너무 큰 것만을 바라본다. 하나님의 관점이 아니라 우리의 관점에서 응답을 찾고 구하기에 여전히 응답을 발견하지 못한다.

하나님은 우리가 기도하기 전에 이미 응답을 주셨다. 우리에게 그 길을 알려주셨다. 현재의 일에 충실하고, 주위의 작은 자들에게 선을 베풀고, 하나님의 마음으로 사람들을 대한다면, 심지어 원수와 적들을 사랑으로 대한다면 우리는 하나님이 우리에게 이미 베풀어주신 응답의 길을 발견할 수 있을 것이다. 오늘 나의 마음과 행동이 하나님의 응답에 영향을 준다는 사실을 기억하기 바란다.

> 그러므로 여호와께서 내 의를 따라 갚으시되
> 그의 목전에서 내 손이 깨끗한 만큼 내게 갚으셨도다.
> 자비로운 자에게는 주의 자비로우심을 나타내시며
> 완전한 자에게는 주의 완전하심을 보이시며
> 깨끗한 자에게는 주의 깨끗하심을 보이시며
> 사악한 자에게는 주의 거스르심을 보이시리니(시 18:24-26).

그를 사랑하면
그분이 이루신다

기도 응답을 원하는가? 먼저 주의 인자하심을 구하는 것이 필수이다. 주의 자비를 바라는가? 먼저 주위 사람들에게 자비를 베푸는 사람이 되라. 하나님은 지금도 나의 자비를 원하신다. 무자비한 사람에게는 하나님의 자비로운 은혜가 임하지 않는다. 기도 응답을 구하기 전에 먼저 하나님의 자비로운 사람이 되어야 한다. 설령 하나님의 응답이 주어진다 할지라도 다윗과 같이 한 명의 작은 사람을 불쌍히 여기는 마음을 갖지 않는 한 무의미하다. 하나님은 나의 깨끗한 대로 갚으시는 분이다. 악한 자에게는 선이 임하지 않는다는 사실을 기억하라. 우리는 그동안 얼마나 많은 시간을 무자비한 마음을 가지고 기도했던가?

진정 기도 응답을 원하는가? 먼저 나에게 자비로운 마음을 달라고 기도하라. 이웃을 사랑하는 마음을 달라고 기도하라. 하나님은 이런 사람에게 그 은혜를 풍성하게 베푸신다. 아마도 다윗은 다 죽어가는 아말렉 군사를 돌보면서 이렇게 기도했을 것이다.

여호와여 주의 인자하심이 하늘에 있고
주의 진실하심이 공중에 사무쳤으며
주의 의는 하나님의 산들과 같고
주의 심판은 큰 바다와 같으니이다.

여호와여 주는 사람과 짐승을 구하여 주시나이다.
하나님이여 주의 인자하심이 어찌 그리 보배로우신지요.
사람들이 주의 날개 그늘 아래에 피하나이다.
그들이 주의 집에 있는 살진 것으로 풍족할 것이라.
주께서 주의 복락의 강물을 마시게 하시리이다.

진실로 생명의 원천이 주께 있사오니
주의 빛 안에서 우리가 빛을 보리이다.
주를 아는 자들에게 주의 인자하심을 계속 베푸시며
마음이 정직한 자에게 주의 공의를 베푸소서.

교만한 자의 발이 내게 이르지 못하게 하시며
악인들의 손이 나를 쫓아내지 못하게 하소서.
악을 행하는 자들이 거기서 넘어졌으니
엎드러지고 다시 일어날 수 없으리이다(시 36:5-12).

하나님의 도우심으로 아말렉 군대를 무찌른 다윗과 함께한 사람들은 얼마나 기뻤을까? 잃었던 아내와 아이들을 되찾은 기쁨으로 정말 가슴이 벅찼을 것이다. 구원해주신 하나님을 찬송하지 않을 수 없었을 것이다. 생각해보라. 어느 날, 나의 아내가 불한당에게 잡혀가 죽을 지경에 이르렀다 구출되었거나, 자녀가 유괴당했다 구사일생으로 살아 돌아왔다면 우리는 우리의 기도를 듣고 구원해주신 하나님을 찬양하지 않을 수 있겠는가! 우리도 이들과 같은 벅찬 마음을 가지고 하나님의 구원하심을 찬송하면서 다윗의 다음 시편을 음미해보자.

여호와여 내가 주를 높일 것은
주께서 나를 끌어내사 내 원수로 하여금

나로 말미암아 기뻐하지 못하게 하심이니이다.

여호와 내 하나님이여
내가 주께 부르짖으매 나를 고치셨나이다.
여호와여 주께서 내 영혼을 스올에서 끌어내어
나를 살리사 무덤으로 내려가지 아니하게 하셨나이다.
주의 성도들아 여호와를 찬송하며
그의 거룩함을 기억하며 감사하라.
그의 노염은 잠깐이요 그의 은총은 평생이로다.

저녁에는 울음이 깃들일지라도
아침에는 기쁨이 오리로다.
내가 형통할 때에 말하기를
영원히 흔들리지 아니하리라 하였도다.
여호와여 주의 은혜로 나를 산같이 굳게 세우셨더니
주의 얼굴을 가리시매 내가 근심하였나이다.

여호와여 내가 주께 부르짖고 여호와께 간구하기를
내가 무덤에 내려갈 때에 나의 피가 무슨 유익이 있으리요.
진토가 어떻게 주를 찬송하며 주의 진리를 선포하리이까.
여호와여 들으시고 내게 은혜를 베푸소서.
여호와여 나를 돕는 자가 되소서 하였나이다.

주께서 나의 슬픔이 변하여 내게 춤이 되게 하시며

나의 베옷을 벗기고 기쁨으로 띠 띠우셨나이다.

이는 잠잠하지 아니하고 내 영광으로 주를 찬송하게 하심이니

여호와 나의 하나님이여 내가 주께 영원히 감사하리이다(시 30편).

여기서 우리는 극명하게 대비되는 장면을 만난다. 사무엘상 30장은 다윗이 아말렉과의 싸움에서 크게 승리하는 모습을 그린 반면, 사무엘상 31장은 사울이 블레셋과 전투에서 완전히 패배하는 모습을 그렸기 때문이다. 다윗과 사울의 전투 결과가 서로 대비되면서 사무엘상은 다윗의 승리와 사울의 죽음으로 마무리된다.

묻지 않고
자기 마음대로 행한 사울

사울이 패배한 반면, 다윗이 승리한 요인은 어디에 있을까? 바로 기도에 있다. 다윗은 마지막까지 기도하는 것을 잊지 않았다. 기도의 힘을 믿었다. 다윗은 자신의 힘으로 승리하는 것이 아니라 하나님이 함께하실 때 승리할 수 있음을 믿었다. 그래서 매 순간 위기에 처할 때마다 좌절하지 않고 기도에 힘썼다. 다윗의 기도는 묻는 기도였다. 문제가 있을 때마다 하나님에게 묻고 행동하는 기도가 다윗의 기도였다. 이 같은 기도는 다윗의 모든 일상 속에서

일관되게 나타났다.

반면 사울은 어려움이 생겼을 때 하나님에게 묻지 않았다. 심지어 마지막에는 엔돌에 있는 신접한 여인을 찾아가 묻는 불신앙의 모습까지 보였다. 하나님에게 묻지 않고 자기 마음대로 행하는 것이 곧 죄다. 역대기 기자는 사울의 행적을 간단하게 평가하면서 그 핵심을 이렇게 강조한다. "사울이 죽은 것은 여호와께 범죄하였기 때문이라. 그가 여호와의 말씀을 지키지 아니하고 또 신접한 자에게 가르치기를 청하고 여호와께 묻지 아니하였으므로 여호와께서 그를 죽이시고 그 나라를 이새의 아들 다윗에게 넘겨주셨더라"(대상 10:13-14).

이것은 비단 사울만의 문제가 아니다. 현대의 그리스도인들도 큰일을 앞두거나 어려운 일이 생겼을 때 하나님에게 묻기보다 용하다는 점쟁이에게 찾아가 자기의 운명을 묻는 예가 얼마나 많은가? 우리나라 그리스도인들이 점쟁이를 찾는 비율이 상당히 높은 게 이 사실을 입증한다. 그들의 마지막은 사울처럼 실패로 끝나고 말 것이다.

오늘 우리에겐 다윗처럼 삶 속에서 하나님에게 묻고 기도하면서 문제를 해결하려는 지혜가 필요하다. 특별한 때만 기도하는 게 아니라 일상에서 기도하는 법을 배워야 한다. 작은 일이라도 하나님에게 묻는 기도가 일상화된다면 우리는 기쁨을 만끽하게 될 것이다. 우리와 영원토록 함께하시는 하나님에게 늘 묻고 행동하는 삶은 다윗처럼 하나님의 축복을 받는 비결이다.

광야의 기도학교에
입학하라

다윗은 광야에서 기도하는 법을 배웠다. 다윗의 광야 생활은 놉(삼상 21장)에서 시글락(삼상 30장)까지 이어졌다. 이제 다윗의 광야생활은 끝이 났다. 광야는 시련의 장소이며, 또한 유혹의 장소이다. 광야는 처절한 몸부림과 눈물과 고통이 배어 있는 곳이다. 다윗은 이곳에서 하나님을 의지하는 법을 배웠다. 하나님께 기도하는 법을 터득했다. 하나님이 어떻게 기도에 응답하시고 하나님의 사람을 책임져주시는지를 깨달았다. 머리가 아니라 몸으로 체험한 것이다. 자신의 연약한 모습을 발견했고, 여전히 불순종하는 죄악 된 모습과 적나라하게 부딪혔다. 다윗은 광야를 통해 하나님의 사람으로 구별되었고, 다른 왕과 차별된 모습으로 성장했다. 광야는 온전히 하나님 앞에 서게 하는 곳이다. 인간이 아니라 온전히 하나님만 의지하게 하는 축복의 장소이다.

광야는 기도의 학교다. 광야에서 드려진 다윗의 기도는 의례적인 기도나 정기적인 때만 드리는 특별한 기도가 아니었다. 오히려 모든 삶이 기도였다. 삶과 기도가 분리되지 않았다. 광야는 모든 게 기도가 되지 않으면 살 수 없는 곳이다. 기도와 삶이 일치를 이루는 곳이 광야이다. 다윗은 쫓기는 광야, 더 이상 숨을 곳이 없는 광야에서 오직 하나님만이 자신의 피난처이자 산성, 바위시라는 사실을 배웠다. 인간의 존엄성이 철저히 짓밟히는 광야의 상황은 하나님을 원망하면서 살아갈 것인지, 아니면 하나님만 의뢰하면서 살아갈 것인지를 결정하게 하는 기로의 순간이다. 사람을 의지하는 삶을 택할 것인가? 아니면 하나님에게 묻는 기도의 삶을 택할 것인가?

오늘 우리는 이 같은 광야를 사랑하고 있는가? 결코 들어가고 싶지 않을지라도 어쩔 수 없이 내몰리는 인생의 광야에서 다윗처럼 하나님의 은혜를 경험한다면 다윗의 영적인 자손으로서 손색이 없을 것이다. 광야를 거부하지 말라. 반드시 기억하라. 광야가 없는 인생은 사울처럼 되기 쉽다는 사실을.

> 나의 힘이신 여호와여
> 내가 주를 사랑하나이다.
> 여호와는 나의 반석이시요 나의 요새시요
> 나를 건지시는 이시요 나의 하나님이시요
> 내가 그 안에 피할 나의 바위시요
> 나의 방패시요 나의 구원의 뿔이시요
> 나의 산성이시로다(시 18:1-2).

나의 힘으로는 나를 구원할 수 없다.
오직 하나님의 힘으로만 나를 구원할 수 있다.
하나님은 나를 도우시는 분이다.
나의 생명을 붙들어주시는 분이다.
모든 환난에서 나를 건져주시는 분이다.

PART 3

눈물로 기도를
맑게 한 다윗

01

마음을 다해 함께
울어주는 기도를 하라

우리는 슬퍼하는 기도를 할 줄 알아야 한다. 가족이나
친구, 동역자의 아픔을 슬퍼하면서 하나님을 바라본다면
더 깊은 기도의 세계로 들어갈 수 있는 축복이 된다.

블레셋의 아기스왕이 내준 시글락은 다윗의 본거지가 되었다. 다윗은 이곳에서 왕이 되기 위한 수업을 받았다. 그리고 마침내 사울이 죽음으로써 왕위에 오를 날이 눈앞에 다가왔다. 지루한 쫓김과 쫓음의 시간은 사울의 죽음으로 끝났다. 다윗의 생각이 옳았다. 자신이 사울을 죽이지 않아도 하나님이 그를 치셨다. 굳이 사람이 나서서 하나님의 일을 대신할 이유가 없다. 악은 사람에게 저지른 죄가 아니라 하나님에 대한 죄다. 그러므로 하나님이 그 악을 징벌하신다. 사울이 그 좋은 예다.

그토록 자신을 죽이려고 했던 원수 사울이 죽었다. 그런데 다윗은 사울의 죽음을 들으면서 즐거워하지 않았다. 사울을 죽이고, 그의 면류관과 팔에 있는 고리를 벗겨 자신에게 가지고 온 아말렉 사람에게 상을 내리기보단 오히려 죽음을 내렸다. 여호와의 기름 부음을 받은 자를 죽이는 일은 하나님을 거역하는 죄를 범한 것이기 때문이다.

다윗은 사울의 죽음을 슬퍼했다. 친구인 요나단도 함께 죽었기에 다윗의 슬픔은 매우 컸다. 얼마나 슬펐으면 애가를 지어 불렀을까? 그리고 그것을 유다 족속들에게 가르치라고 명했을까? 보통 사람 같으면 사울의 죽음을 즐거워하며 통쾌하게 여겼을 것이다. 그러나 하나님의 마음을 알았던 다윗은 달랐다. 다윗이 슬퍼하는 모습은 실로 감동적이다. 물론 우리로서는 쉽게 이해가 되지 않는다.

그렇다면 다윗은 어떻게 원수의 죽음을 슬퍼할 수 있었을까? 다윗은 어떻게 하나님의 뜻을 알 수 있었을까? "네 원수가 넘어질 때에 즐거워하지 말며 그가 엎드러질 때에 마음에 기뻐하지 말라. 여호와께서 이것을 보시고 기뻐하지 아니하사 그의 진노를 그에게서 옮기실까 두려우니라"(잠 24:17-18).

위대한 지도자는
눈물이 있다

사무엘하 1장에 나오는 다윗의 애가는 일명 '활의 노래'라고 불린다. 이것은 요나단이 활을 사용한 것과 관련이 있다고 볼 수 있다(삼상 20:20). 이 노래를 보면 사울에 대한 부정적인 말이나 불손한 태도가 어디에도 보이지 않는다. 우리의 생각으로는 사울의 죽음을 아주 마땅히 여기는 분위기가 나타나야 하는데 그렇지 않다. 왜 그럴까? 다윗은 자신의 감정이나 기분보다는 언제나 하나님에게 관심을 두었기 때문이다. 그래도 사울은 하나님의 기름 부음을 받은 사람이 아니던가?

다윗이 사울의 죽음을 기뻐했다면 이방 사람들이 더 즐거워했을 것이다. 하나님의 기름 부음을 받은 자가 죄를 범함으로써 죽었다고 조롱했으리라. 그로 인해 하나님의 영광이 땅에 떨어질 수 있었다. 그래서 다윗은 사울의 죽음을 기뻐하지 않았다. "이스라엘아 네 영광이 산 위에서 죽임을 당하였도다. 오호라. 두 용사가 엎드러졌도다. 이 일을 가드에도 알리지 말며 아스글론 거리에도 전파하지 말지어다. 블레셋 사람들의 딸들이 즐거워할까, 할례받지 못한 자의 딸들이 개가를 부를까 염려로다"(삼하 1:19-20).

얼마나 놀라운 다윗의 신앙인가? 항상 하나님을 먼저 생각하는 다윗은 하나님 마음에 합한 사람이었다. 우리는 언제 이 같은 마음을 가질 수 있을까? 다윗은 애가를 개인적인 차원에서 공동체적인 차원으로 발전시켰다. 누구도 사울의 죽음을 기뻐해서는 안 된다는 것이었다. 죄인인 사람이 죄인의 죽음을 즐거워해서는 안 된다. 다윗의 애가는 노래이면서 슬픈 탄식이자 슬픈 기도였다. 죽음을 안타까워하며 드린 눈물의 기도였다. 위대한 지도자는 눈물이 있다. 반면 타락한 지도자에겐 눈물이 없다.

다윗은 애가의 사람이었다. 사울과 요나단을 위한 애가 외에도 아브넬이 요압에 의해 죽임을 당했을 때도 아랫사람을 위해 애가를 지었다. "아브넬의 죽음이 어찌하여 미련한 자의 죽음 같은고 네 손이 결박되지 아니하였고 네 발이 차꼬에 채이지 아니하였거늘 불의한 자식의 앞에 엎드러짐 같이 네가 엎드러졌도다"(삼하 3:33-34). 이것 또한 보통 사람으로서는 쉽지 않은 일이다. 왕이 자기 부하를 위해 애가를 부르는 것은 흔한 일이 아니다. 다윗의 애가는 압살롬의 죽음으로까지 이어진다. 압살롬은 자신을 반역하고 왕위를 찬탈한 패역한 아들이었다. 도저히 용서할 수 없는 아들이었다. 그런데도 다윗은 아들 압살롬의 죽음을 슬퍼하며 울었다. "내 아들 내 아들 압살롬아 차라리 내가 너를 대신하여 죽었더면, 압살롬 내 아들아 내 아들아"(삼하 18:33).

나는 장례식에 자주 가는 편이다. 목회자의 주된 직무 중 하나가 장례 예배를 집례하는 일이기 때문이다. 그 죽음을 슬퍼하며 유가족을 위로하는 일이기 때문이다. 목회자는 기쁨과도 함께하지만 슬픔과도 함께하는 사람이다. 인생의 시작과 마지막은 모두 목회자에게 온다. 얼마나 놀라운 직무인가?

나는 삶의 시종을 담당하는 목회자의 일을 참으로 사랑한다. 장례식은 슬프다. 울지 않으려 해도 눈물이 저절로 나온다. 특히 사랑하는 사람이 죽었을 때는 더욱 슬프다. 세상보다 더 좋은 천국에 간다 해도 슬픈 일은 어쩔 수 없다. 기뻐하는 것과 마찬가지로 슬퍼하는 것은 좋은 일이다. 특히 함께 슬퍼하는 일은 큰 위로가 된다. 슬픔을 당한 사람에게는 어떤 위로의 말보다 함께 울어주는 일이 더 큰 위로가 된다. "너희를 박해하는 자를 축복하라. 축복하고 저주하지 말라. 즐거워하는 자들과 함께 즐거워하고 우는 자들과 함께 울라"(롬 12:14-15).

사람을 불쌍하게 여기며
죄를 미워하는 기도

원수가 죽었을 때 슬퍼할 수 있어야 진정 하나님의 사람이다. 이때 기뻐하면 안 된다. 죄는 밉지만 그 사람은 불쌍하지 않은가? 애가는 지혜로운 사람이 부르는 노래이다. 점점 애가가 사라진다면 비인간화되는 과정이라고 보면 된다. 인간만이 울 수 있다. 동물은 슬픔이 없다. 울지 않는다. 오직 인간과 하나님만이 운다. 성경 곳곳에는 하나님이 슬퍼하신다는 표현이 나온다. 예수님도 죄악된 예루살렘을 향해 우셨다. 나사로의 죽음을 보고 우셨다. 애가는 인간성을 느끼게 하는 현존의 모습이다. 슬퍼하는 자리에 함께 있으면 우리의 영혼이 살아난다. 실패와 좌절과 인간의 한계와 죄악이 동시에 느껴진다. 우리의 처음 자리를 생각하게 하고 하나님의 영을 느끼게 한다. 자신을 돌아보고 자신의 미약한 존재감을 느끼게 한다.

우리는 슬퍼하는 기도를 할 줄 알아야 한다. 가족과 친구와 동역자의 죽음을 슬퍼하면서 하나님을 바라본다면 더 깊은 기도로 들어갈 수 있는 축복이 된다. 죽음은 우리로 하여금 기도하게 한다. 어떤 사람이라도 죽음 앞에서는 기도한다. 아무리 기도를 거부하던 사람이라 할지라도 죽음 앞에선 하나님을 찾으며 기도한다. 기도를 강요하지 않아도 스스로 기도한다. 얼마나 순수한 자리인가? 다윗은 사울과 요나단의 죽음을 통해 하나님을 생각하며 오히려 하나님을 찬양했다. 인간의 슬픔에 동참하면서 하나님의 이름을 높였다. 다윗은 애가를 통해 사울과 요나단에 대한 사랑을 고백했다. "사울과 요나단이 생전에 사랑스럽고 아름다운 자이러니"(삼하 1:23). "내 형 요나단이여 내가 그대를 애통함은 그대는 내게 심히 아름다움이라. 그대가 나를 사랑함이 기이하여 여인의 사랑보다 더하였도다"(삼하 1:26).

다윗의 애가를 보면 자신을 그토록 시기하며 죽이려고 했던 사울에 대해 미워하는 마음이 없었음을 알 수 있다. 오히려 사울을 사랑했다. 실로 위대한 사랑이었다. 우리도 이 같은 사랑을 할 수 없을까? "원수를 사랑하라"는 예수님의 말씀이 생각난다. 슬퍼하지 않는 사람은 이미 타락한 사람이다. 죄를 슬퍼하고, 악을 슬퍼하고, 그 죄악에 빠진 죄인들을 슬퍼하는 것이야말로 하나님을 깊이 사랑하는 일이다. 다른 사람의 아픔에 슬퍼할 수 있고, 그 아픔을 나의 일처럼 생각하며 애가를 지을 수 있다면 참으로 아름다운 삶이다. 슬픔에 동참하는 일은 원수와 적까지도 하나 되게 하는 힘이 있다. 분열을 일치로 이끄는 위력이 있다. 슬퍼하는 곳에는 용서가 있고 회개가 있다. 새로운 변화가 역동한다. 우리도 이처럼 이웃의 슬픔에 동참하는 기도를 할 수 없을까?

02

사람보다는 하나님을
더욱 의지하라

아주 작은 일이라도 하나님에게 묻고 시작하라.
이런 기도의 습관을 들이라.
그러면 당신은 놀라운 기도의 사람이 될 것이다.

다윗은 이제 왕으로 즉위할 일만 남았다. 모든 것이 끝났다. 사울과 요나단의 장례도 끝났기에 이제 왕으로 오르기만 하면 된다. 그런데 우리는 바로 여기서 다윗의 멋진 모습을 대하게 된다. "그 후에 다윗이 여호와께 여쭈어 아뢰되 내가 유다 한 성읍으로 올라가리이까"(삼하 2:1). 다윗은 가장 먼저 기도했다. 하나님의 인도하심을 구했다. "지금 왕으로서 사람들 앞에 나서도 되겠습니까?"라는 물음이었다. 또한 "어느 장소에서 왕이 되어야 합니까?"라는 물음이었다. 다윗은 이 모든 것을 하나님에게 기도로 물었다.

그러자 하나님이 응답하셨다. "그렇다. 지금이 바로 그때이다. 장소는 헤브론이다." 헤브론은 유다의 중심 성읍이었다. 믿음의 조상인 아브라함과 사라를 장사 지낸 곳이었다. 그러므로 믿음의 조상인 아브라함의 후손이 나라를 세우기에 더없이 좋은 장소였다. 그곳에서 다윗은 유다의 왕으로 추대된다. 이스보셋을 왕으로 세운 이스라엘과 통합하는 일이 남아 있었지만 유다 왕으로서 자리를 굳혔다는 데 그 의미가 있다.

항상 그랬지만 다윗의 기도는 즉위를 앞두고도 어김없이 나타났다. 다윗은 왕위에 오를 때도 하나님에게 묻고 움직였다. 이미 확정된 일이었기에 그냥 시작해도 무관했다. 그러나 다윗은 그렇게 하지 않았다. 먼저 하나님에게 여쭈었다. 그리고 하나님의 지시를 받고 왕의 임무를 시작했다. 왕이 되는 순간은 다윗이 가장 교만해질 수 있는 시간이었다. 마침내 성공을 거머쥐는 시간이었기 때문이다. 이때는 하나님을 잊어버리기 쉽다. 그러나 다윗은 하나님을 잊어버리지 않고 기도하는 시간을 가졌다. 우리는 다윗의 이 같은 모습을 배워야 한다. 중요한 때일수록 잠시 멈추어 서서 주님을 응시하고 주님의 얼굴을 바라봐야 한다.

기도가 필요 없는
시대가 다가온다

사람들은 어려울 때는 열심히 기도하다가도 어느 정도 이루고 나면 기도를 잊어버리는 경우가 잦다. 절박함이 사라지면 기도도 사라진다. 이것이 사람의 속성이다. 조금 힘이 생기면 그 힘으로 살아가고자 한다. 하나님을 의지하기보다 자기 힘으로 무엇을 이루는 것을 더 즐겨한다. 하나님의 힘으로 큰일을 이루었을 때는 계속 하나님의 힘을 의지하면서 나아가야 하는데, 그렇게 하기가 쉽지 않다. 어느 정도 힘이 생기면 그동안 숨어 있던 자기 의가 드러나면서 자기 힘으로 어떤 목적을 이루려고 한다. 타락과 부패는 대부분 힘을 소유했을 때 생긴다. 왜 그럴까? 인간이 가진 죄악 된 속성 때문이다. 날마다 자기를 죽이지 않으면 계속해서 자기 의가 살아난다. 고난과 광야를 떠나면 잠재된 자아가 용수철처럼 튀어 올라 자신을 주장하려고 한다. 우리는 항상 이것을 조심해야 한다.

아담과 하와가 에덴이라는 세상에서 가장 좋은 환경에서, 하나님에게 모든 권한을 부여받은 상황에서 타락했다는 사실은 우리에게 주는 교훈이 크다. 자칫하면 에덴의 축복마저도 나를 파멸로 이끌 수 있음을 경고한다. 가장 좋은 환경이 죄짓기 가장 좋은 환경이 될 수 있다. 기도를 잃어버리기 쉬운 환경이 될 수 있다. 서구 사회가 복지사회로 가면서 기독교는 타락하기 시작했다. 나라가 노후를 보장하고 모든 것이 충족되는 상황에서 사람들의 마음에 하나님의 자리가 점점 줄어들었다. 자기 자신이 그 자리에 대신 서게 됐다. 우리나라도 서구처럼 점차 복지사회로 가고 있다. 한편으론 좋은 일이지만 영적으로 보면 위기가 될 수도 있다. 기도가 퇴물 취급당하는 세상이 도래할 수도 있다. 세상의 복지가 하나님을 대신해서는 안 된다.

오히려 미국과 세계 경제가 힘들어지면 사람들이 떠났던 교회로 다시 돌아온다. 이것은 어느 시대나 동일하게 적용되는 원리이다. 무엇을 의미하는가? 역설적이게도 성공한 순간이 가장 위험한 순간이고, 모든 것을 이룬 순간이 하나님을 떠나기 가장 쉬운 순간이라는 점이다. 이때일수록 하나님에게 더 묻고 기도하는 자세가 필요하다. 하나님 없이도 살 수 있다고 생각하는 순간이, 곧 위기의 순간이다. 재물과 권력과 명예가 생기면 하나님보다 이것들을 더 의지하게 됨으로써 하나님에게 묻는 마음이 상실된다. 지혜로운 사람은 이 순간을 조심해야 한다. 이때일수록 하나님에 대해 눈을 열고, 다른 사람에 대해 귀를 기울이는 자세가 더욱 필요하다.

당신은 어떤 일을 시작할 때 하나님에게 묻고 시작하는가, 아니면 그냥 사람의 생각대로 시작하는가? 하나님 뜻에 따라 시작하는가, 아니면 내려오는 관행이나 기분에 따라 시작하는가? 무엇이든지 시작이 중요하다. 시작이 틀어지면 다 틀어진다. 항상 기도로 시작하는 마음을 가져야 한다. 다윗이 즉위를 앞두고 기도한 모습에는 자신이 왕이 된 것은 하나님의 은혜라는 뜻이 담겨 있다. 왕은 사람이 세우는 자리가 아니다. 자기 힘으로 정복해야 하는 자리도 아니다. 하나님이 세우시는 자리다. 하나님이 시작하지 않으시면 아직 아무것도 시작되지 않은 것이다. 그런데도 우리는 얼마나 자주 혼자서 시작하는가? 그리고 나중에야 하나님에게 승인받으려고 한다. 하나님으로 시작하지 않으면 교만하게 되고, 결국은 인생을 비참하게 마치게 된다.

왜 하나님에게
묻지 않을까?

기도란 무엇인가? 하나님에게 묻는 것이다. 기도는 말씀을 듣는 것이지만 그 말씀을 듣기 위해서는 하나님에게 묻는 일이 선행되어야 한다. 하나님은 묻는 자에게 말씀하신다. 그 말씀을 잘 듣는 일 또한 기도의 모습이다. 우리는 그동안 기도할 때 물은 일이 별로 없었다. 우리는 "구하라"고 들었기에 많이 구하는 것을 기도라고 생각했다. 사실 성경에서 "구하라"는 것은 하나님에게 구하라는 의미가 더 강하다. 사람에게 구하지 말고, 세상에게 구하지 말고, 천지를 창조하신 하나님에게 구하면 하나님이 주신다는 의미다. 구체적인 기도의 방법보다는 전체적인 의미에서 기도를 말하는 것이다. 우리의 도움이 하나님으로부터 온다는 것을 믿고, 하나님에게 구하는 믿음을 가지라는 뜻이다.

그런데 우리는 이 말씀을 잘못 이해한 채 구하면 무조건 하나님이 들어주신다는 생각으로 그저 많이 구하는 것으로 기도를 대신했다. 물론 구한다는 것 자체가 하나님을 인정한다는 의미이기에 구하는 태도는 중요하다. 그러나 "구하라"는 말씀에는 많은 의미가 내포되어 있음을 인식해야 한다. 우리가 생각하듯 오직 한 가지 의미만 있는 게 아니다. 무조건 달라고 하라는 의미만 있는 것이 아니다. 그 안에는 하나님의 뜻대로 구하는 것도 포함된다. 묻는 일도 포함된다. 질문을 하면 답이 오는 법이다. 상대방이 온전하고 좋은 사람이라면 틀림없이 답이 온다. 그러나 묻지 않으면 답도 없다. 이처럼 전체적인 의미에서 "구하라"는 말씀을 이해해야 한다.

사무엘서에 나오는 다윗의 모습에서 반복적으로 발견할 수 있는 것은 다윗이 기도를 묻는 것, 여쭙는 것으로 이해했다는 것이다. 단순히 나의 요구를 구하는 것과 질문하는 것과는 차원이 다르다. 무조건 내가 구하는 것을 요구하는 일은 내 생각으로 하는 기도에 가깝다. 반면 묻고 질문하는 것은 하나님 뜻을 구하는 기도이다. 구하되 먼저 묻고 구하면 어떨까? 이미 답을 가지고 기도하기보다 먼저 하나님의 뜻을 묻고 그 뜻에 따라 행동하는 기도가 하나님 마음에 합한 기도이다. 우리는 누군가 물어오면 답을 한다. 그런데 사람들은 대부분 잘 묻지 않는다. 왜 묻지 않을까? 자기가 안다고 생각하기 때문이다. 상대방의 도움이 필요 없다고 생각하기 때문이다. 아니면 물어봤자 답을 얻지 못할 것이라는 불신도 하나의 이유가 될 것이다.

기도의 패러다임을 바꾸는
물음 기도

물음 기도는 우리의 기도를 완전히 변화시킬 수 있다. 다윗은 무엇을 하든지 하나님에게 묻고 시작했다. 그렇다면 우리의 기도도 질문으로 바꾸어 시작해보면 어떨까? 놀라운 은혜가 임할 것이다. 묻는 것 자체가 곧 기도이다. 그런데도 우리는 그동안 묻는 것을 잊어버렸다. 겸손한 사람일수록 하나님에게 자주 묻는다. 늘 묻는다. 그리고 하나님의 대답을 듣고 행동한다. 오늘도 하나님은 우리에게 이 같은 기도를 원하신다. "궁금한 것이 있느냐? 나에게 와서 물으라. 그러면 내가 답해줄 것이다." 이제부터라도 구하는 것을 묻는 것으로 이해하고 주님에게 나아가자. 우리가 알지 못하기에 더욱더 하나님에게 물어야 한다. 겸손할수록 하나님에게 더욱 기도하게 된다.

질문하는 학생은 공부를 잘한다. 질문할 수 있다는 것은 이미 어느 정도 답을 알고 있다는 것이다. 질문하면 창의력과 사고력이 좋아진다. 영재가 되는 비결은 질문에 있다. 공부는 자기가 자기에게 묻는 것이다. 그러나 기도는 하나님에게 묻는 것이다. 자주 질문할수록 하나님은 우리에게 더 많은 것을 보여주고 가르쳐주신다. 그리고 많은 응답을 해주신다. 기도 응답이 적은 것은 하나님에게 묻는 기도가 부족해서다. 하나님은 물으면 반드시 답해주신다. 하나님은 침묵하시는 분이 아니다. 하나님의 대답을 듣고 실행하면 놀라운 역사가 일어난다.

하나님을 물체라고 생각하면 묻지 않는다. 그러나 하나님을 인격이라고 생각하면 우리는 자주 묻게 된다. 우상은 질문해도 답이 없다. 우상은 말할 수 있는 존재가 아니다. 대화의 상대가 아니다. 그래서 우상에게 기도하는 것은 그저 구하는 것이다. 많이 구하고 오래 구하고 정성을 다해 구하는 것 외에는 다른 방법이 없다. 그러나 우리가 믿는 하나님은 인격적인 분이시다. 그분의 자녀가 간절한 마음으로 물으면 하나님은 틀림없이 대답해주신다. 어떤 선생님도 간절히 계속해서 묻는 학생을 외면하지 않는다. 오히려 하나라도 더 알려주려고 한다. 그러나 질문하지 않는 학생에게는 이 같은 은혜가 임하지 않는다. 이것은 하나님에게도 그대로 적용된다.

아주 작은 일이라도 하나님에게 묻고 시작하라. 이런 기도의 습관을 들이라. 그러면 당신은 놀라운 기도의 사람이 될 것이다. 나는 이 같은 기도의 비밀을 늦게야 터득했다. 아직 많이 부족하지만 물음 기도는 나의 기도를 놀랍게 변화시켰다. 이제부터라도 하나님께 물음으로 기도를 시작해보라. 당신에게도 하나님의 음성을 듣는 축복이 임할 것이다.

역사적으로 수많은 왕이 하나님에게 묻지 않고 자기 힘으로 권력을 시작하여 불행으로 끝을 맺었다. 이 같은 역사적인 교훈을 수없이 보고 들었음에도 여전히 어리석은 일을 행하는 사람이 있다는 것은 쉽게 이해되지 않는다. 인생도 마찬가지다. 하나님이 시작하지 않으시면 무슨 일이든지 시작해서는 안 된다. 사업을 해도 직업을 구해도 결혼을 해도 하나님의 허락을 받고 해야 한다. 그렇지 않으면 늘 문제가 발생하고 나중에는 매듭을 풀지 못해 괴로워한다. 오늘도 나의 일을 시작하기 전에 하나님에게 여쭙고 하자. "주님, 제가 이 일을 시작할까요? 시작한다면 어느 때 하는 것이 가장 좋을까요?"

03

하나님의 때를
기다리며 섬기라

하나님의 사람이 되기 위해서는 기다리는 법을 알아야 한다.
기다림은 나태함이나 게으름이 아니다. 우유부단함도 아니다.
하나님에게 모든 것을 내어드리는 순종의 시간이다.

다윗이 이스라엘 왕이 되기까지는 오랜 시간이 걸렸다. 비록 사울은 죽었지만 사울을 추종했던 백성들과 그들이 세운 왕인 이스보셋 등 여러 가지 문제가 남아 있었다. 다윗은 우여곡절 끝에 마침내 유다와 이스라엘의 왕이 되었다. 다윗은 세 번째 기름 부음을 받는다. 첫 번째는 어릴 때 사무엘로부터 받았다(삼상 16장). 두 번째는 서른 살 때 자신이 속한 유다 지파의 장로들로부터 받았다(삼하 2:1-4). 이제 세 번째로 이스라엘의 장로들로부터 기름 부음을 받는 것이다(삼하 5:3). 다윗은 이스라엘과 유다가 통합된 명실공히 통일왕국의 왕이 되었다. 그의 나이 37세 때였다. 다윗은 하나님이 자신을 왕으로 세우실 때까지 기다렸다. 사무엘서 기자는 다윗의 기다림에 하나님이 함께하셨다고 기록하고 있다. "만군의 하나님 여호와께서 함께 계시니 다윗이 점점 강성하여 가니라"(삼하 5:10). 다윗이 견딘 오랜 인내의 과정은 하나님이 함께하신 시간이었다.

믿음은 잠잠히 참고 기다림에서 만들어진다. 하나님의 사람은 기다리는 법을 안다. 조급함이 있다는 것은 자신을 의지한다는 뜻이다. 기다림은 나태함이나 게으름이 아니다. 우유부단함도 아니다. 하나님에게 모든 것을 내드리는 순종의 시간이다. 다윗은 오랜 기다림을 통해 하나님을 의지하는 법을 배웠다. 자신을 어떻게 절제해야 하며, 남을 어떻게 받아들이고 용서해야 하는지를 배웠다. 하나님의 때를 기다리면서 하나님의 역사를 기대하는 법을 터득했다. 이 같은 기다림의 과정을 통해 다윗은 인격이 다듬어졌고 겸손해졌다. 그리고 마침내 하나님의 마음에 합한 왕으로 등극하게 되었다. 기다림의 훈련 없이 왕이 되었다면 사울처럼 되었을지도 모른다. 광야의 고난과 시험, 오랜 기다림의 과정을 거치지 않았다면 위대한 왕이 될 수 없었다. 빨리 무엇인가를 성취하는 것보다 느리더라도 인격을 갖추고 하나님의 마음을 읽는 능력을 소유한 지도자가 되는 일이 더욱 중요하다.

믿음은 기다림에서
증명된다

성경에 나오는 위대한 인물들은 모두 이 같은 과정을

거쳤다. 아브라함, 야곱, 요셉, 모세 등을 보면 하나같이 기다림의 과정을 거쳤다. 어느 누구도 빠르고 쉽게 지도자의 반열에 선 사람은 없다. 고난과 기다림과 광야를 통과하지 않고, 젊은 나이에 높은 자리나 지도자의 위치에 빨리 오르면 사람이 교만해지고 완고해진다. 인격에 많은 문제가 생기기 쉽다. 인격을 다듬는 시간을 갖지 않은 채 높은 지위에 오르면 오히려 불행을 초래할 가능성이 높다. 그런데도 사람들은 빨리 높은 자리에 오르려고 한다. 그리고 그 빠름을 자랑한다. 빨리 성공한 것을 스스로 대견하게 생각한다. 매우 우매한 모습이다.

이 같은 사람이 위대한 인물로 평가받는 경우는 매우 드물다. 업적보다도 인격이 더 중요하다. 인격을 다듬지 않으면 무엇인가를 아무리 크게 이루어도 모래 위에 지은 집과 같다. 인격은 스스로 만들지 못한다. 생각대로 되는 것도 아니다. 오직 오랜 고난의 과정과 기다림, 참음과 눈물의 시간을 통과해야만 만들어진다.

다윗은 오랜 기다림과 도피의 삶 속에서 무엇을 깨달았을까? 다윗은 자신이 그토록 빨리 왕이 될지 몰랐을 것이다. 도피생활을 계속할 수밖에 없다고 생각했을 수도 있다. 사울이 그토록 빨리 죽을지 예측하지 못했을 것이다. 그러나 사울이 죽음으로써 다윗의 도피생활은 끝났다. 자신이 언제까지 기다려야 하는지 아는 사람은 없다. 오직 하나님만이 아신다. 다윗은 모든 것을 포기한 채 그저 하루하루 도망하기에도 바쁜 삶에 만족했다. 오늘 하루 목숨을 부지하는 일만으로도 감사했다. 그러던 어느 날 왕으로 등극하게 되었다. 아무도 하나님의 때를 알지 못한다. 그날은 도적같이 온다. 그러므로 우리는 하루하루 충실해야 한다. 나는 나의 삶을 알 수 없다. 하나님만이 나의 삶을 아신다. 기다림 속에 하나님의 존재를 조금이라도 느낄 수 있다면 그것이 곧 행복이다. 그 행복을 느끼며 살아간다면 오늘 하루를 이길 수 있다.

혹시 삶이 너무 힘들어 무력해져 있는가? 아무리 생각해도 앞이 보이지 않아 절망 속에 있는가? 그로 인해 모든 것을 포기하고 싶은가? 결코 그래서는 안 된다. 오랜 기다림은 나에게 축복이 된다. 소망을 포기하지 않는다면 말이다. 우리는 다윗처럼 이미 기름 부음을 받은 사람들이다. 하나님이 택하신 구별된 성도이다. 천국을 소유한 거룩한 백성이다. 이 사실은 어떤 경우에도 취소되거나 변하지 않는다. 이 사실을 믿는다면 우리도 다윗처럼 오랜 고난의 여정을 잘 감당해야 한다. 하나님의 때가 되면 우리에게도 다윗이 이스라엘의 왕이 된 그날과 같은 축복의 날이 찾아올 것이다.

하나님의 축복은 거저 주어지지 않는다. 우리가 생각하는 것처럼 빨리 주어지지도 않는다. 세상은 빠름을 성공이라고 말한다. 그러나 느림은 실패가 아니다. 하나님의 때를 기다리는 것이 어떻게 실패인가? 우리의 고난과 기다림 속에 하나님이 함께하심을 믿지 못하는 것이야말로 돌이킬 수 없는 실패이다.

왕을 만드는
다윗의 광야 수업

다윗은 본래 목자였다. 성경은 하나님을 우리의 목자로 비유하고 있다. 하나님의 종도 목자이다. 예수님도 자신을 선한 목자라고 하셨다. 목자는 양을 위해 존재한다. 양을 지키는 자이다. 양을 위해 목숨을 버리는 자이다. 양이 없으면 목자도 없다. 이런 점에서 이스라엘 왕은 다른 이방 나라 왕들과 구별된 의미를 지니고 있었다. 바로 목자로서의 왕이다. 다윗은 이스라엘의 목자로서 왕으로 기름 부음을 받았다.

"전에 곧 사울이 우리의 왕이 되었을 때에도 이스라엘을 거느려 출입하게 하신 분은 왕이시었고 여호와께서도 왕에게 말씀하시기를 네가 내 백성 이스라엘의 목자가 되며 네가 이스라엘의 주권자가 되리라 하셨나이다 하니라. 이에 이스라엘 모든 장로가 헤브론에 이르러 왕에게 나아오매 다윗 왕이 헤브론에서 여호와 앞에 그들과 언약을 맺으매 그들이 다윗에게 기름을 부어 이스라엘 왕으로 삼으니라"(삼하 5:2-3).

목자는 섬기는 지도자의 상징이다. 이스라엘 왕은 강탈하고 지배하는 왕이 아니라 목자처럼 섬기는 왕이다. 이방 왕은 목자가 아니라 독재자, 혹은 지배자이다. 그러나 우리가 이해하는 하나님 나라의 왕은 목자로서의 왕이다. 하나님께서 우리의 목자가 되신 것과 동일한 의미다. 사울은 목자로서의 왕이 되지 못했다. 백성을 섬기기보다 자기 욕망을 위해 백성을 이용했다. 거의 대부분의 시간을 다윗을 죽이기 위해 쫓아다니며 낭비했다. 자기의 개인적인 감정 때문에 군대를 동원하였다.

사울 같은 왕은 우리가 바라는 왕이 아니다. 우리는 주님과 같은 목자로서의 왕을 원한다. 다윗은 광야에서 목자로서 훈련을 톡톡히 받았다. 진정한 왕으로서 훈련받았다. 이 사실은 본래 목자였던 다윗에게 특별한 의미가 있다. 이 사실에는 기도의 의미가 내포되어 있다. 목자는 양을 위해 기도해야 하기 때문이다. 항상 양을 돌봐야 하는 목자의 책무는 혼자 힘으론 감당할 수 없다. 하나님이 도와주셔야만 한다. 특히 자신이 돌보는 양 떼를 하나님의 소유로 생각한다면 기도는 절대적이다.

목자는 기도를 전제로 한 지도자의 모습이다. 지배하고 군림하는 왕은 백성을 하나님의 양으로 생각하지 않는다. 자기의 양으로 여기고 함부로 대한다. 이런 지도자는 백성을 위해 기도하지 않는다. 오히려 삯꾼 같은 왕은 양을 버리기 예사이다. 그러나 목자로서의 왕은 양을 위해 목숨을 바친다. 성경이 다윗을 이스라엘의 목자로 표현한 것은 다윗이 어떤 왕이 되어야 할지를 잘 암시해준다. 그런데도 세상은 목자로서의 지도자보단 카리스마를 가진 군림하는 지도자를 더 원한다. 이런 지도자를 더 선호한다. 그럴듯한 외모와 능력을 소유한 지도자를 추구한다. 심지어 교회 안에서도 이런 스타일의 지도자가 인기를 누리고 있다.

우리는 그동안 지도자의 한마디에 모든 일이 통하는 것을 당연히 여겨왔다. 어쩌면 이것이 우리에게서 다윗과 같은 지도자가 나오지 못하는 이유일 수도 있다. 지금이라도 우리는 광야에서 오랫동안 훈련받은 숨은 지도자를 찾아내야 한다. 하나님이 숨겨 두신 목자로서의 인격을 갖춘 지도자를 달라고 기도해야 한다. 교회와 국가에 다윗과 같은 목자나 지도자가 나온다면 얼마나 좋을까?

사람의 이목이 집중된 화려한 궁중에서는 진정한 지도자를 찾기 어렵다. 세간의 인기를 독차지하는 지도자는 이미 하나님의 선택을 받은 지도자가 아니다. 진정한 지도자는 광야에서 만들어진다. 이리 저리 쫓겨 다니면서도 하나님을 잊지 않고, 생존의 위협 속에서도 하나님만을 의지하는 기도하는 지도자 말이다. 오늘도 나는 선한 목자로서의 지도자를 꿈꾸며 기도한다. 맡겨진 양을 사랑하며, 생명을 가장 소중히 여기는 목자의 심정을 가지고 교회를 섬기며, 이웃을 사랑하게 해달라고 기도한다. "나는 선한 목자라. 선한 목자는 양들을 위하여 목숨을 버리거니와 삯꾼은 목자가 아니요 양도 제 양이 아니라 이리가 오는 것을 보면 양을 버리고 달아나나니 이리가 양을 물어가고 또 헤치느니라"(요 10:11-12).

04

신앙적 경험을
기도보다 앞세우지 말라

신앙의 경험은 오히려 신앙을 배반할 수 있다. 신앙적인 경험을
기도보다 앞세우면 위험하다. 어떤 경우에도 신앙의 경험이
기도를 대신해서는 안 된다. 그러면 더 이상 기도하지 않게 된다.

위대한 선교사인 허드슨 테일러는 중국 내지 선교에 최선을 다했던 사람이다. 그는 힘들고 어려운 선교사의 삶을 통해 하나님의 은혜를 받는 비결에 관해 깨닫고 나서 이렇게 말했다.

"음악회가 끝난 뒤에는 피아노를 조율하지 않습니다. 시작하기 전에 조율합니다. 이와 같이 아침에 일어나면 하루를 시작하기 전에 당신의 마음을 하나님 뜻에 맞도록 조율하십시오."

기도는 나의 생각을 하나님의 뜻에 맞게 조율하는 일과 같다. 이것은 한 번에 끝낼 수 있는 일이 아니다. 매번 새롭게 해야 한다. 설령 어제 아무리 잘 조율했다 할지라도 오늘의 좋은 연주를 위해서는 또다시 조율해야 한다.

묻고 또 묻는 기도를 하라

이스라엘이 다윗에게 기름을 부어 이스라엘 왕으로 삼았다는 소식을 듣고 블레셋 사람들이 다윗을 치기 위해 올라왔다. 많은 블레셋 사람이 르바임 골짜기에 가득하게 진을 쳤다. 왕으로서의 다윗의 능력을 시험이라도 하듯 쳐들어온 것이다. 사울을 무너뜨린 블레셋은 이제 다윗을 몰락시키고자 했다. 결국 르바임과 예루살렘 남쪽에서 두 차례의 싸움이 벌어졌다. 다윗은 이번에도 어김없이 기도하고 전쟁을 치렀다. 다윗은 전쟁에 그냥 나가지 않고 늘 하던 습관대로 하나님에게 여쭈었다. "내가 블레셋 사람에게로 올라가리이까. 여호와께서 그들을 내 손에 넘기시겠나이까"(삼하 5:19). 그러자 하나님이 말씀하셨다. "올라가라. 내가 반드시 블레셋 사람을 네 손에 넘기리라." 하나님의 말씀대로 첫 번째 싸움은 다윗의 승리로 끝났다.

패배한 블레셋 사람들이 또다시 르바임 골짜기에 가득하게 올라왔다. 참으로 끈질기게 공격해온 것이다. 다윗은 이번에도 하나님에게 물었다. 하나님은 이렇게 대답하셨다. "올라가지 말고 그들 뒤로 돌아서 뽕나무 수풀 맞은편에서 그들을 기습하되 뽕나무 꼭대기에서 걸음 걷는 소리가 들리거든 곧 공격하라. 그때에 여호와가 너보다 앞서 나아가서 블레셋 군대를 치리라." 여기서 걸음 걷는 소리란 하나님께서 이 전쟁에 직접 참여하실 것임을 의미했다. 이 소리를 기점으로 공격하라는 뜻이셨다. 하나님께서 다윗에게 알려주신 전술은 하나님이 먼저 블레셋을 치시고, 그다음에 이스라엘이 싸우는 것이었다. 말씀대로 행한 다윗은 블레셋을 격파하고 큰 승리를 거두었다.

하나님이 다윗에게 알려주신 두 전술은 사뭇 달랐다. 우리 같으면 앞서 승리한 것과 똑같은 전술로 싸웠을 수도 있다. 하나님이 첫 번째 싸움에 승리하게 하셨기에 당연히 두 번째 싸움도 승리하게 하실 것이라고 생각할 수도 있다. 그래서 두 번째는 아예 하나님에게 묻지 않고 앞에서의 전술대로 싸울 가능성이 컸다. 그러나 다윗은 그렇게 하지 않았다. 다윗은 두 번째에도 하나님께 묻고 전쟁에 나갔다.

힘으로 보자면 다윗은 블레셋과 비교 대상이 되지 않는다. 블레셋은 힘을 최우선으로 여기는 육신적이며 세속적인 사람의 특징을 가지고 있었다. 수적 우세에 비중을 두고 전쟁하는 사람들이었다. 반면 다윗은 인간적인 힘이 아니라 하나님을 의지하는 사람이었다. 그래서 항상 기도하는 일을 잊지 않았다. 하나님이 도와주셔야만 전쟁에서 이길 수 있다고 믿고 하나님을 전적으로 의지했다. 모든 상황을 인간적으로 보지 않고 영적으로 보았다. 단순히 눈앞에 나타나는 현상만 보는 사람은 기도하지 않는다. 그러나 영적인 눈으로 보면 기도하지 않을 수 없다. 사람과의 싸움이 아니라 악한 영들과의 싸움임을 안다면 말씀과 기도로 무장하지 않을 수 없다. 만약 우리가 블레셋처럼 인간적인 면을 우선한다면 점차 기도에서 멀어질 수밖에 없다.

하나님의 말씀과 지시를 듣고 전쟁에 나간 다윗은 우리에게 큰 도전을 준다. 우리도 세상일을 처리하고 문제를 해결할 때마다 하나님에게 묻는 일이 생활화되어야 한다. 번거롭다고 생각하지 말고 하나님께 묻고 또 묻는 자세가 필요하다. 단 한순간이라도 인간의 힘으로 할 수 있다고 생각하면 실패할 수밖에 없다. 교만이 우리 안에 자리 잡지 못하게 하기 위해서는 늘 깨어 있는 삶이 요구된다.

나보다 먼저 가서
싸우신다

우리는 여호수아가 가나안 땅을 정복할 때의 이야기를 알고 있다. 여호수아는 하나님 말씀에 순종함으로써 요단강과 여리고성을 파죽지세로 통과했다. 이스라엘은 이 과정에서 참으로 놀라운 승리와 도저히 상상할 수 없는 일을 경험했다. 하나님이 가르쳐 주신 대로 여리고성을 돌고 큰소리를 지르자 여리고성이 무너진 것이다. 상식대로라면 소리를 지른다고 성벽이 무너질 리 없었다. 그러나 하나님 말씀대로 하자 그토록 철옹성 같던 여리고성이 한순간에 무너졌다. 여호수아와 이스라엘 백성들은 이 승리에 도취된 채 다음 목표인 아이성에 이르렀다. 아이성은 여리고성에 비할 바 없이 작은 성이고 인구도 적었다. 여호수아는 "다 올라가지 않고 2~3천 명만 올라가도 능히 이길 수 있습니다"라는 정탐꾼들의 보고를 들었다. "이스라엘 백성에게 괜히 수고로운 일을 시키지 마십시오"라는 정탐꾼들의 조언을 들었다. 그래서 3천 명만 데리고 올라갔다가 여지없이 대패하고 말았다.

분명 지금까지의 경험으로 볼 때 숫자 싸움이 아니었음에도 여호수아는 잠시 숫자로 싸우는 전쟁으로 착각했다. 숫자가 중요한 것이 아니라 하나님이 함께하시느냐가 우선임을 망각했다. 그로 인해 여호수아는 기도를 잊어버렸다. 하나님에게 물어야 했음에도 정탐꾼들의 말만 듣고 전쟁을 치른 것이 패배의 원인이었다. 사실 여리고 싸움에서 승리한 이스라엘이 환호하고 있을 때 하나님은 분노하고 계셨다. 아간이 물건을 훔쳤기 때문이다. 이스라엘 진영에서 거룩한 전쟁의 의미를 이해하지 못한 채 자기의 유익을 취하는 일이 발생한 것이다. 이 일로 하나님께서 진노하고 계셨음에도 여호수아는 미처 알아차리지 못한 채 전쟁을 계속했다. 반드시 하나님에게 물었어야 했다. 그랬다면 하나님이 먼저 아간을 처리하고 전쟁에 나가라고 하셨을 것이다. 여호수아는 기도라는 가장 중요한 절차를 무시했다.

결국 여호수아는 하나님에게 물어 아간의 문제를 처리한 후, 하나님의 지시대로 다시 전쟁을 수행함으로써 승리를 얻었다. 하나님은 3천 명이 아니라 3만 명으로 싸우라고 지시하셨다. 그리고 이미 싸우기도 전에 아이성을 여호수아의 손에 넘겨주겠다고 약속하셨다. 이처럼 하나님의 전쟁은 약속받고 나가는 싸움이다. 결과는 이미 정해졌다. 싸움은 그 결과를 믿고 나가는 의지적인 행동이라는 데 의미가 있다. 이미 말씀해주신 결과를 신뢰하고 그 믿음으로 싸우는 것이 여호와의 전쟁이다. 여호수아는 패배를 겪은 후에야 하나님의 전쟁은 사람이 싸우기 전에 하나님이 먼저 앞서가시는 전쟁임을 깨달았다.

더 이상 기도하지
않는 이유

어떤 일을 할 때마다 반복해서 묻기란 결코 쉽지 않다. 우리는 때때로 번거롭다는 생각에 자기 생각대로 일을 수행한다. 항상 기도하지는 않는다는 뜻이다. 왜 그럴까? 은연중에 내가 살아 있기 때문이다. 사람에게는 하나님의 은혜를 경험하고 나서도 여전히 자기 힘으로 하고 싶은 유혹이 있다. 늘 자기 생각과 자기 힘으로 하고 싶은 마음이 우리 안에 도사리고 있다. 그래서 결정적인 순간에 하나님을 무시하고 자기가 앞장서게 된다. 하나님의 생각보다 인간의 생각을 앞세우게 된다. 우리는 이 같은 실수를 얼마나 자주 저지르는지 모른다. 어느 것 하나도 하나님이 허락하지 않으시면 안 된다는 생각으로 가득 차 있을 때 우리는 항상 기도하게 된다.

어쩌다 기도해서는 안 된다. 필요할 때만 기도해서도 안 된다. 모든 시간을 하나님의 시간으로, 모든 일을 하나님의 일로 인식해야 한다. 신앙의 경험은 오히려 신앙을 배반할 수 있다. 신앙적인 경험을 기도보다 앞세우면 위험하다. 어떤 경우에도 신앙의 경험이 기도를 대신해서는 안 된다. 그러면 더 이상 기도하지 않게 된다. 신앙의 경험이 오늘도 살아 계신 하나님을 대신하게 된다.

하나님께서 과거에 이렇게 도와주셨으니 당연히 같은 방법으로 오늘도 나를 도와주실 것이라는 착각에 빠지는 순간, 우리는 더 이상 기도하지 않게 된다. 과거의 믿음을 믿는 것은 진정한 믿음이 아니다. 이런 믿음은 바리새인과 같은 믿음이다. 하나님은 과거에 고착되어 박제된 분이 아니시다. 하나님은 날마다 새로운 분이시다. 어제나 오늘이나 영원토록 동일하시지만 우리에게 나타나시는 방법은 그때마다 다르다. 우리의 생각을 뛰어넘는 하나님만의 방법이 있다. 이것은 우리로 하여금 교만하지 않게 하기 위함이다.

이것을 깨닫지 못하면 신앙이 자라지 않고 화석처럼 굳어져서 단순히 종교적 교리나 사상, 신념으로 전락할 수 있다. 그 순간 신앙은 죽은 것이 된다. 많은 사람이 이 상태에 빠져 혼란을 느낀다. 과거에 경험한 신앙으로만 생활하면 이것이 곧 하나님이 될 수 있다. 설령 하나님이 은혜를 주셔서 놀라운 체험을 했다 할지라도 그 체험을 넘어 하나님에게 집중하는 것이 필요하다. 그렇지 않으면 하나님 대신 신앙적인 경험을 나의 중심에 놓을 위험이 있다.

우리는 이 사실을 모세를 통해 확인할 수 있다. 모세는 과거에 바위를 쳐서 물이 나오게 했던 신앙적 경험을 하나님보다 우위에 두었다. 그래서 바위에게 명해 물을 내라고 하시는 말씀을 듣지 않은 채 늘 하던 습관대로 바위를 쳐서 물이 나오게 했다. 모세는 바로 오늘 하시는 하나님의 말씀을 무시했다. 하나님이 새로운 말씀을 전해주셨음에도 모세가 듣지 않은 것은 강퍅해진 그가 자기의 경험과 고집대로 행한 결과임을 우리는 충분히 짐작할 수 있다. 이 일로 인해 모세는 젖과 꿀이 흐르는 가나안에 들어갈 수 없게 되었다.

이번 장은 특히 은사를 받은 사람과 리더들에게, 은혜를 체험한 사람과 사역자들에게 경고와 교훈이 되는 말씀이다. 자기 체험을 넘어서지 못하는 기도는 신앙을 자라지 못하게 하고 영적 교만에 이르게 한다. 많은 그리스도인이 이 문제를 해결하지 못한 채 제자리를 맴돈다. 오늘 새로운 계시가 임하기를 기도해야 한다. 우리는 그날그날 주시는 말씀에 순종하면서 하루를 살아야 하는 존재이다. 주객이 전도되는 상황을 막기 위해서는 항상 하나님으로부터 시작하는 습관이 필요하다.

05

하나님 앞에서 하는
기도를 배우라

기도의 대상을 잘 정립하면 기도의 태도나 자세가 달라진다.
기도의 내용 또한 달라진다. 결국 기도의 자세와 내용이
잘못된 것은 대상에 대한 인식이 부족하기 때문이다.

기도에서 가장 중요한 것은 하나님을 향한 우리의 자세이다. 누구나 기도할 수 있다. 그러나 모두가 하나님이 받으시는 기도를 하는 것은 아니다. 기도한다고 다 기도는 아니다. 세상 사람도 급할 때는 하나님에게 기도한다. 자기 나름대로 신을 설정하고, 그 앞에서 기도하는 사람들도 있다. 인격적인 신이 아니라 막연한 형태로서 신의 개념을 가지고 기도하기도 한다. 이렇게 보면 기도하는 것 자체로 모두가 선하다고 볼 수는 없다. 누구에게, 어떻게, 무엇 때문에 기도하느냐가 중요하다. 종종 악한 사탄에게 기도하는 사람도 있다. 또한 자기 욕망을 채우기 위해 기도하는 사람도 있다.

이런 점에서 기도의 대상인 하나님이 어떤 분인지를 아는 일은 최우선으로 해결해야 할 과제이다. 상대방을 어떻게 이해하느냐에

따라 대화의 수준이 달라지기 때문이다. 자칫하면 모욕적인 말이 될 수도 있다. 그리스도인의 기도는 다른 종교의 기도나 보통 사람이 하는 기도와는 분명 구별된다. 그리스도인의 기도는 물체나 비인격적인 힘을 의지하는 기도와는 근본적으로 다르다. 그리스도인의 기도는 인격적인 하나님과의 대화와 만남이다. 상호 교통이다. 교통 없는 기도는 죽은 기도이다. 얼마나 상대방을 잘 이해하느냐에 따라 소통의 질이 결정된다. 사람과의 소통은 인격적인 만남을 통해 이루어진다. 기도 역시 인격적인 분과의 만남이다. 그분은 세상을 만드시고 모든 것을 알고 계시는, 인간보다 뛰어난 하나님이시다. 그러므로 하나님과의 만남은 진실할 수밖에 없다. 솔직하고 꾸밈없는 만남이 되어야 한다. 그리스도인의 기도에는 이처럼 깊은 의미가 담겨 있다. 그런데 실제로는 그렇지 못한 경우가 많다.

기도를 많이 할수록 우리의 인격이 달라진다. 왜 그럴까? 인격적인 분과 만나기 때문이다. 좋은 사람과 만나면 나도 모르게 좋은 사람의 모습을 본받게 된다. 오랜 교제를 가지면 어느새 그 사람처럼 된다. 나도 모르게 상대방을 사랑하게 된다. 이것이 만남의 기적이다. 기도도 이와 같다. 하나님과 만나는 기도의 시간이 많아질수록 우리는 하나님의 성품을 지니게 된다. 삶이 주님을 닮게 된다. 이것이 우리가 기도를 많이 해야 하는 이유이다. 기도를 통해 무엇을 얻어내기 위함보다 주님을 닮는 것이 기도의 최종 목적이다. 반대로 비인격적인 신이나 우상과 같은 물체를 향해 기도하면 나도 모르게 기도하는 대상처럼 된다. 자칫하면 인간성을 상실할 수 있다.

이런 점에서 동양적인 기(氣)나 에너지와 같은 소통은 위험하다. 비인간화될 소지가 크다. 그래서 기도는 누구와 만나느냐가 중요하다. 아무나 만나서는 안 된다. 아무하고나 교제해서는 안 된다. 좋은 사람과 만나야 하듯 좋은 분과 교제를 나누어야 한다. 이처럼 기도의 대상을 잘 정립하면 기도의 태도나 자세가 달라진다. 기도의 내용 또한 달라진다. 결국 기도의 자세와 내용이 잘못된 것은 대상에 대한 인식이 부족하기 때문이다.

보이지 않는 하나님을
볼 수 있는 믿음

다윗은 하나님을 어떻게 이해했을까? 사무엘하 6장은 이 질문에 관한 답을 잘 말해준다. 다윗은 블레셋에게 빼앗긴 하나님의 언약궤를 되찾기를 원했다. 그러나 언약궤를 되찾아오는 과정에서 하나님의 진노를 경험하면서 하나님을 두려워했다. 다윗은 궤가 자신에게로 오는 것을 즐겨하지 않았다. 그래서 오벧에돔의 집으로 메어 갔다. 하나님의 궤가 오벧에돔의 집에 있는 석 달 동안 하나님이 그 집에 복을 주셨다. 이 사실을 전해 들은 다윗은 하나님의 궤를 다윗성으로 메어 오게 했다. 다윗은 언약궤가 들어올 때 하나님에게 제사를 드렸다. 그리고 여호와 앞에서 힘을 다해 춤을 추었다. 다윗의 아내 미갈은 창문에서 이 광경을 보고 다윗을 업신여겼다.

미갈은 다윗에게 "이스라엘 왕이 오늘 어떻게 영화로우신지 방탕한 자가 염치없이 자기의 몸을 드러내는 것처럼 오늘 그의 신복의 계집종의 눈앞에서 몸을 드러내셨도다"라고 문제 삼았다. 그러자 다윗은 "이는 여호와 앞에서 한 것이니라. 그가 네 아버지와 그의 온 집을 버리시고 나를 택하사 나를 여호와의 백성 이스라엘의 주권자로 삼으셨으니 내가 여호와 앞에서 뛰놀리라"고 말했다. 사무엘하 6장 14절과 21절에 "여호와 앞에서"라는 구절이 반복해서 나온다. 다윗은 계속해서 "내가 이보다 더 낮아져서 스스로 천하게 보일지라도 네가 말한 바 계집종에게는 내가 높임을 받으리라"고 했다. 이 일로 미갈은 죽는 날까지 자식을 낳지 못하는 저주를 받는다.

여호와의 언약궤가 들어오는 것을 보고 다윗은 마음속으로 이런 찬양과 기도를 드렸을 것이다.

여호와여 일어나사 주의 권능의 궤와 함께
평안한 곳으로 들어가소서.
주의 제사장들은 의를 옷 입고
주의 성도들은 즐거이 외칠지어다.
주의 종 다윗을 위하여
주의 기름 부음받은 자의 얼굴을 외면하지 마옵소서.

여호와께서 다윗에게 성실히 맹세하셨으니
변하지 아니하실지라.

이르시기를 네 몸의 소생을 네 왕위에 둘지라.

네 자손이 내 언약과 그들에게 교훈하는 내 증거를 지킬진대

그들의 후손도 영원히 네 왕위에 앉으리라 하셨도다.

여호와께서 시온을 택하시고

자기 거처를 삼고자 하여 이르시기를

이는 내가 영원히 쉴 곳이라.

내가 여기 거주할 것은 이를 원하였음이로다.

내가 이 성의 식료품에 풍족히 복을 주고

떡으로 그 빈민을 만족하게 하리로다.

내가 그 제사장들에게 구원을 옷 입히리니

그 성도들은 즐거이 외치리로다.

내가 거기서 다윗에게 뿔이 나게 할 것이라.

내가 내 기름 부음받은 자를 위하여 등을 준비하였도다.

내가 그의 원수에게는 수치를 옷 입히고

그에게는 왕관이 빛나게 하리라 하셨도다(시 132:8-18).

영이신 하나님은 눈에 보이지 않는다. 인간이 영이신 하나님을 본다는 것은 사실상 불가능하다. 하나님은 영을 통해서만 볼 수 있는 존재이다. 다윗은 하나님의 언약궤가 다윗성으로 들어오는 것을 보며 왕 중의 왕이신 하나님이 입성하시는 것으로 이해했다. 하나님은

성막 안에 있는 지성소의 언약궤를 통해 임재하셨다. 언약궤는 하나님을 상징했다. 이것은 단순히 물체가 아니라 말씀이신 하나님을 뜻했다. 우리와 대화하는 인격이신 하나님을 뜻했다. 다윗은 언약궤를 보면서 인격이신 하나님을 보았다. 그러므로 하나님의 종인 다윗이 나가서 온몸을 다해 왕의 입성을 찬미한 것은 당연한 일이었다.

다윗은 예전에 자신이 골리앗을 무찌르고 전쟁에서 승리한 후 사울과 함께 돌아올 때 여인들이 소고를 들고 춤을 추면서 "사울이 죽인 자는 천천이요 다윗은 만만이로다"라며 환호하던 일을 기억했을 것이다. 그런데 이스라엘 왕이신 하나님이 다윗성에 들어오시는데 아무도 그분을 맞이하는 사람이 없으니 참으로 안타까운 일이 아닐 수 없었다. 그래서 그 앞에서 춤을 추면서 하나님을 영접했다. 다윗이 반복해서 "나는 궤 앞에서 한 것이 아니라 여호와 앞에서 한 것"이라고 말한 것은 바로 이 같은 의미를 강조하기 위함이 아니었을까? 반면 미갈은 언약궤를 보면서도 하나님을 보지 못했다. 그 결과 다윗의 행동을 왕의 체면을 구기는 일로 보았다. 아버지인 사울이 과거에 그랬던 것처럼.

하나님을 아는 만큼
기도한다

누가 진정한 기도를 할 수 있는가? 하나님을 바르게

느끼는 사람이다. 그렇지 못하면 기도의 자세가 잘못된다. 사람에게 보이려고 기도하거나 자신이 경건하다는 사실을 드러내기 위해 기도에 힘쓰게 된다. 우리는 언제 어디서 기도하든지 하나님 앞에 서 있다는 자세로 기도해야 한다. 그러면 기도의 모든 것이 달라진다. 진정 하나님을 높이는 기도를 할 수 있고, 하나님의 마음에 합한 기도를 할 수 있다. 언제 어디서든지 기도할 수 있다. 하나님 앞에 서 있다는 자세로 기도하면 기도하는 중에 하나님의 영을 강하게 느낄 수 있다. 하나님의 현존이 없으면 기도가 힘들다. 하나님을 느끼지 못하기 때문이다. 영으로 지금 내 앞에 계시는 그분을 느끼지 못한다면 기도는 벽을 보고 말하는 것과 같이 답답할 수밖에 없다.

우리는 항상 기도를 통해 하나님 앞에 서 있는 자신을 발견해야 한다. 하나님의 임재 속에 살아가는 법을 배워야 한다. 이것이 기도가 우리에게 주는 유익이다. 기도하는 시간은 하나님의 영을 느끼는 시간이다. 하나님의 임재를 느끼는 사람은 자연스럽게 자신을 낮추고 하나님에게 자기 자리를 내드리게 된다. 주인으로서가 아니라 종으로서 의복을 벗게 된다. 체면에 구애 없이 하나님 앞에서 춤을 추며 그분을 높이게 된다. 설령 하나님을 모르는 사람이 비난할지라도 개의치 않게 된다. 우리가 기도에 충실할수록 하나님 앞에 서 있는 신앙으로 성숙해 간다. 사람을 두려워하지 않고 하나님을 두려워하는 사람으로 변하게 된다. 모든 일을 할 때 사람을 기쁘게 하기보다 하나님을 기쁘시게 하는 능력 있는 삶을 살게 된다. 기도를 통해 영이 맑아지고 하나님을 느끼는 일에 민감해진다. 진리에 충실하게 되고 진리가 아닌 것을 단호하게 거부하는 힘이 생긴다.

나곤의 타작마당에 이르러 소들이 뛰자, 웃사가 손을 들어 언약궤를 붙잡았다가 하나님의 진노를 받아 하나님의 궤 곁에서 죽은 것은 하나님에 대한 이해가 부족했기 때문에 일어난 일이다. 하나님은 인간의 힘으로 조종할 수 있는 분이 아니다. 우리 방식대로 하나님을 예배하는 것을 조심해야 한다. 우리의 방법대로 하나님에게 기도하고, 기도 응답을 이루어내려는 행위를 중단해야 한다. 하나님은 인간의 업신여김을 받으실 분이 아니다. 사람에 의해 조종되거나 만들어지는 분도 아니다. 웃사가 하나님을 안전하게 책임질 수 있는 게 아니었다. 하나님은 하나님이시다. 하나님은 누군가에 의해 규정되거나 보호받으셔야 할 분이 아니다. 그런데도 우리는 웃사와 같은 잘못을 얼마나 많이 범하는지 모른다. 웃사는 종교적인 임무를 맡아 궤를 옮기는 일을 했지만 하나님을 제대로 이해하지 못했다. 예배자가 아니라 종교적인 임무를 맡은 사람으로서 존재했을 뿐이었다.

미갈도 마찬가지다. 하나님을 우리의 도구로, 혹은 우리가 마음대로 조종할 수 있는 분으로 이해하면 그 순간 웃사와 같은 상황이 벌어진다. 기도할 때 하나님 앞에 서 있다는 느낌이 얼마나 강렬하게 드는가? 이것이 전제되면 자신을 겸손하게 비우는 일이 그리 어렵지 않다. 오히려 자기 의를 교만하게 드러내는 일이, 여전히 자기의 욕심을 채우려는 자세를 취하는 일이 더 힘들어진다.

코람데오 기도

16세기 종교개혁자들은 하나같이 '코람데오'(coram Deo) 신앙을 가졌다. 라틴어로 'coram'은 '앞에'를 뜻하고, 'Deo'는 '하나님'을 뜻한다. 즉 '하나님 앞에서'라는 의미다. 코람데오는 종교가 부패해가던 중세 시대에 오직 하나님 앞에서의 삶을 주장하며 거짓과 타협하지 않고 말씀의 진리를 외쳤던 개혁자들의 모토였다. 우리는 사람 앞에서 기도하며, 사람의 영광을 얻기 위해 기도하는 경우가 많다. 혹시라도 기도를 인간의 복을 얻어 내기 위한 도구로 사용하는 것은 하나님에 대한 모욕이다. 하나님 중심으로 살면 하나님이 우리에게 복을 선물로 주시는 것이지, 우리가 복을 구했기에 복을 받는 것이 아니다. 따라서 복을 구한다는 말은 하나님 앞에서 산다는 것을 의미한다.

무조건 내가 원하는 것을 구하는 것은 복을 바라는 행위가 아니다. 나의 삶이 하나님으로 충만하고, 그분 뜻대로 사는 것을 구하면 이 모든 것을 더해주시는 복이 임하게 된다. 지금이라도 기도를 통해 하나님 앞에 점점 더 가까이 가는 은혜를 소망하자. 영이신 하나님을 가까이에서 느끼고, 그분의 임재 안에 들어가는 것을 경험하는 일이야말로 우리가 먼저 해야 할 일이 아니겠는가?

06

영원한 언약을
붙잡고 기도하라

기도란 자기 계획을 포기하고 하나님의 뜻을 아는 것이다.
이것을 깨닫는 것이 기도의 시간이다. 내가 하나님을 위해
무엇인가를 하려는 교만을 버릴 때 비로소 하나님이 나를
사용하심을 깨닫게 된다. 이것이 바로 기도의 능력이다.

18세의 나이로 왕위에 오른 빅토리아 여왕은 64년 동안 영국을 다스렸다. 사람들은 오늘날 영국의 번영이 빅토리아 여왕에 의해 이루어진 것이라고 평가한다. 영국이 '해가 지지 않는 나라'로 불린 것도 바로 빅토리아 여왕 시대였다. 인류 역사상 빅토리아 여왕만큼 위대한 왕도 드물다. 그녀는 왕이 되었다는 소식을 듣자마자 즉시 무릎을 꿇고 기도했다. 잠시도 자신의 품에서 떠나지 않았던 성경을 놓고 "주여, 여왕이 되면 하나님의 말씀대로 다스리게 해주옵소서"라고 기도했다. 그녀는 재위 기간 내내 모든 일을 하나님의 말씀 안에서 해결했고, 기도 가운데 나라를 다스렸다.

하루는 인도의 왕자가 찾아와 "그토록 정치를 잘하시는 비결이 무엇입니까?"라고 물었다. 그러자 빅토리아 여왕은 성경을 펴들고

"바로 이것입니다"라고 말했다. 어떻게 하는 것이 가장 좋은 기도 방법일까? 말씀을 붙잡고 하는 것이다. 말씀이 빠진 기도는 주문이 될 수 있다.

내가 하나님을 위해
집을 지어 드린다고?

　　　　　우리는 이제 사무엘서에서 가장 극적이며 중심적인 사무엘하 7장에 들어섰다. 학자들은 이 장을 신학적인 측면에서 사무엘서의 중심 장으로 이해한다. 구약성경에서 가장 복음적인 신앙을 규정하는 장이라고 일치된 주장을 한다. 이 장은 다윗을 다윗 되게 한 장이다. 다윗뿐만 아니라 우리에게도 더없이 중요한 장이다.

　지금 다윗은 어떤 상황인가? 나라의 모든 것이 안정된 상황이었다. 하나님이 주위의 원수를 무찌르셔서 왕으로 궁에서 평안하게 살게 하셨다. 지금 다윗은 하나님이 은혜를 주셔서 모든 것이 부족함이 없는 상태였다(삼하 7:1). 그의 모든 통치와 능력은 절정에 달했다. 나라 안팎으로 모든 것이 안정되었고, 왕으로서 통치도 만족스러웠다. 물론 이 모든 것은 하나님의 은혜로 된 것이다. 다윗에게는 최고의 황금기라고 할 수 있다.

　이때 다윗에게 어떤 마음이 들었을지 자못 궁금해진다. 모든 것을 다 이루고 만족스러운 상황이 되었을 때 우리가 어떤 생각을 하게 되는지 상상해보면 이해가 될 것이다. 이쯤 되면 '이제 내가 하나님을 위해 무엇인가를 해야 하지 않겠는가?' 하는 생각을 하게 되는 법이다. 이때를 위함이라 생각하고, 이제 하나님을 위해 무엇인가 큰일을 해야겠다는 포부를 품게 되면서 큰 비전을 선포한다. 그리고 내가 이제 하나님을 위해 어떤 일을 행하는지 모두가 보란 듯이 많은 사업과 프로젝트를 수행하기 시작한다. 이것이 대부분의 교회, 혹은 그리스도인의 모습이다. 무엇인가 큰 업적을 남기기 위해 모든 열정을 쏟으면서 전념한다.

다윗도 이렇게 생각한 것 같다. 하나님의 언약궤가 예루살렘으로 돌아왔기에 이제 언약궤를 모실 장소, 즉 예배 장소를 짓고 싶었다. 하나님의 집을 세워 하나님의 이름을 드러내고, 하나님을 이스라엘 가운데 높이는 일을 정말 해보고 싶었다. 다윗은 나단 선지자에게 자신의 계획을 알렸고, 그의 재가를 얻었다 "여호와께서 왕과 함께 계시니 마음에 있는 모든 것을 행하소서." 누가 보더라도 선한 일이었고, 하나님이 기뻐하실 만한 일이었다. 그래서 나단도 기꺼이 승낙했다.

그러나 이것은 어디까지나 다윗과 나단의 생각에 불과했다. 결코 하나님의 생각은 아니었다. 사실 이런 일은 기도가 필요하지 않은 것 같다. 계획 자체가 순수하고 선한 일이며, 하나님을 위한 일이기에 누구도 이의제기할 수 없는 당연한 일로 여길 수 있다. 그래서 다윗과 나단도 기도하지 않고 그대로 일을 추진하려고 했다. 누가 성전 짓는 일에 반대하겠는가?

지금도 이와 같은 일이 계속되고 있다. 어느 누가 성전 짓는 일을 반대하겠는가? 하나님을 위한 일을 거부하는 것은 하나님을 거역하는 일처럼 여겨지기 때문이다. 지금도 많은 사람과 주의 종들이 교회가 어느 정도 성장하면 더 큰 성전을 지어 하나님에게 봉헌하는 것을 당연히 하나님이 기뻐하시는 일이라고 주장한다. 그래서 이것이 과연 옳은가를 놓고 기도하는 것을 비상식적인 일로 여기는 사람이 많다. 대부분의 사람은 성전을 건축하는 일보다 하나님이 더 기뻐하실 일이 없다고 생각한다.

지금도 다윗처럼 성전을 건축하는 일을 평생소원으로 삼고 있는 사람들이 많다. 이것은 그동안 지속되었던 한국교회의 변하지 않는 정서이다. 가능한 한 크고 화려하게 성전을 짓는 게 하나님이 기뻐하시는 일이라는 등식을 설정해놓고, 모든 역량을 집중해서 짓고 난 뒤 자신만의 성취감에 젖기도 한다. 건축한 성전을 바라보면서 얼마나 뿌듯할까? 생각만 해도 가슴 벅찬 일이다. 이제는 죽어도 한이 없다. 하나님을 위해 큰일을 했다는 만족감과 성취감을 갖기에 이보다 눈에 보이는 분명한 일이 또 있을까? 우리는 그동안 이 같은 일을 수없이 봐왔다. 그리고 지금도 계속되고 있다. 오늘 다윗의 소원을 상기하면서 말이다. 그러나 본문을 자세히 들여다보면 오히려 정반대임을 알 수 있다.

하나님이 나를 위해
영원한 집을 지어주시리라

하나님의 말씀이 나단 선지자에게 임했다. 일명 '나단의 신탁'이라고 불리는 구절이다(삼하 7:4-17). 하나님은 다윗에게 가서 이렇게 전하라고 하셨다. "네가 나를 위하여 내가 살 집을 건축하겠느냐. 내가 이스라엘 자손을 애굽에서 인도하여 내던 날부터 오늘까지 집에 살지 아니하고 장막과 성막 안에서 다녔나니 이스라엘 자손과 더불어 다니는 모든 곳에서 내가 내 백성 이스라엘을 먹이라고 명령한 이스라엘 어느 지파들 가운데 하나에게 내가 말하기를 너희가 어찌하여 나를 위하여 백향목 집을 건축하지 아니하였느냐고 말하였느냐. 그러므로 이제 내 종 다윗에게 이와 같이 말하라. 만군의 여호와께서 이와 같이 말씀하시기를 내가 너를 목장 곧 양을 따르는 데에서 데려다가 내 백성 이스라엘의 주권자로 삼고 네가 가는 모든 곳에서 내가 너와 함께 있어 네 모든 원수를 네 앞에서 멸하였은즉 땅에서 위대한 자들의 이름 같이 네 이름을 위대하게 만들어주리라"(삼하 7:5-9). 하나님은 이스라엘 어느 지파에게도 "왜 성전을 건축하지 않느냐?"라고 책망하신 적이 한 번도 없었다. 이 말씀은 성전을 건축하지 않는 것이 어떠한 허물도 되지 않음을 의미한다.

사도행전 7장에 나오는 스데반의 설교에서도 하나님의 뜻이 분명하게 나타나 있다. 비록 솔로몬이 성전을 건축했지만 한 가지 분명한 사실은 지극히 높으신 이는 인간의 손으로 지은 곳에 계시지 않는다는 것이었다. "주께서 이르시되 하늘은 나의 보좌요 땅은 나의 발등상이니 너희가 나를 위하여 무슨 집을 짓겠으며 나의 안식할 처소가 어디냐. 이 모든 것이 다 내 손으로 지은 것이 아니냐." 이것은 솔로몬이 성전을 건축할 때 주셨던 말씀이다. 성전을 건축하되 본질을 분명히 알고 하라는 것이다. 하나님이 성전을 건축하게 하신 것은 성전을 통해 하나님의 이름과 눈길과 마음을 알고 언약에 순종하는 삶을 살게 하시기 위함이었다. 하나님은 "만약 나의 말을 어기면 이 성전이 아무리 높을지라도 사람들에게 비웃음을 당하며 이 성전에 재앙을 내릴 것"이라고 경고하셨다(왕상 9:3-9). 하나님은 다윗에게 성전 건축보다 더 중요한 일이 있다고 하셨다. 다윗에게 그것을 허락하시겠다는 것이었다.

하나님은 다윗에게 성전 건축 계획을 취소하라고 하셨다. "네가 나를 위해 무슨 일을 하려고 하지만 오히려 내가 너를 위해 영원한 축복을 주고 내가 너를 위해 영원한 집을 지어주겠다"고 하셨다. 하나님을 위해 더 이상 할 일이 없다는 뜻이다. 그야말로 충격적인 말씀이다. 우리의 생각을 완전히 뒤집는 말씀이다. 오히려 하나님이 나를 위해 집을 지어주겠다는 말씀은 무슨 의미일까? 우리는 흔히 하나님을 위해 무엇인가를 하려는 생각으로 가득 차 있다. 오랫동안 내려온 율법적인 행위신앙의 영향 때문일 수 있다. 아니면 타 종교적인 습성이 몸에 밴 탓일 수도 있다.

하나님은 인간이 해주는 것으로 만족하시는 분이 아니다. 하나님은 우리에게 무엇을 바라시는 분이 아니다. 하나님을 잘못 이해하면 그 순간 우리에 의해 조종당하는 대상이 된다. 오히려 하나님은 우리를 위해 베풀어주시는 분이다. 부모는 자녀가 무엇을 해주는 것으로 만족하기보다 자녀에게 베풀어주는 것으로 만족한다. 이것이 부모의 마음이다. 우리가 아무리 부모에게 무엇을 해준다 할지라도 그로 인해 부모의 마음이 행복해지는 것은 아니다. 부모는 그저 주는 것만으로도 행복해한다. 항상 자녀에게 더 줄 수 없기에 마음이 아프다. 이것이 부모와 자녀의 차이다.

혹시라도 내가 부모를 위해 무엇을 했다고 자랑하거나 교만해하면 큰 오산이다. 그런데도 이같이 불효를 저지르는 자녀가 많다. 자녀가 아무리 큰 것으로 부모를 만족시키려 해도 부모가 자녀를 위해 해주기를 원하는 일을 도저히 따라갈 수 없다. 자녀에게 계속 무엇인가를 받는 부모의 마음을 생각해보았는가? 부모의 마음은 즐겁기보다 오히려 불편하고, 어떤 때는 비참하게까지 느껴진다. 이 사실을 안다면 자녀가 부모에게 남몰래 용돈을 듬뿍 드려 그것으로 부모가 자녀에게 해주고 싶은 일을 하시게 하는 게 더 지혜로운 방법이다. 내가 부모를 위해 무엇을 했다고 떠벌리고 자랑하는 것은 참으로 어리석은 일이다.

부모와 자녀 관계는 세상에서 거래하는 사람들이나 친구들 사이의 관계와 근본적으로 다르다. 하나님과 우리의 관계를 부모와 자녀의 관계로 이해해야 한다. 그렇지 않으면 하나님을 위해 무슨 대단한 일을 한다면서 그것을 앞세워 하나님을 함부로 대하고 자만심에 사로잡혀 우쭐댈 수 있다. 하나님은 혹시라도 다윗이 하나님을 위해 큰일을 하고 교만에 빠지지 않을까 염려하셨다. 누가 나를 위해 많은 돈을 들여 집을 하나 장만해주었다고 하자. 그런데 그 사람이 동네방네 다니면서 내가 저 집을 해주었다고 떠들고 자랑한다면 과연 나의 마음이 편할까? 나에게 집을 마련해주었지만 결국은 자기를 위해 한 일이 아닌가? 우리가 하나님 앞에서 이렇게 되어서는 안 된다. 차라리 하지 않는 것보다 못하다. 그것은 하나님이 진정으로 원하시는 일이 아니다.

성전보다
하나님이 더 중요하다

하나님은 내가 하나님을 위해 무엇을 했다고 내세우기보다 하나님이 나에게 은혜를 베풀어주셨음을 자랑하며, 그 기쁨으로 살기를 원하신다. 그래야 진정으로 하나님의 이름을 높일 수 있다. 우리는 하나님의 이름을 높인다고 하면서 결국은 자기 이름을 높인다. 이것을 조심해야 한다. 하나님은 이것을 말씀하신 것이다. 하나님은 나중에 솔로몬을 통해 성전을 건축하게 하시지만, 그보다 먼저 하나님은 우리가 행한 것에 의해 좌우되는 분이 아님을 알기 원하셨다. 그런데도 우리는 그동안 얼마나 많이 하나님을 위해 일한다고 하면서 하나님의 마음을 슬프게 했는지 모른다. 눈에 보이는 성전 건축도 위험의 소지가 많다. 무엇이 더 중요한지를 알라는 것이 하나님께서 다윗에게 하신 말씀의 핵심이다. 하나님보다 성전을 더 중요하게 생각하거나 그것에 얽매이면 성전이 곧 우상이 될 수 있다.

나의 선친은 내가 초등학생일 때 하늘나라로 가셨다. 선친은 광복을 맞이한 이듬해 이리(익산) 고현교회에서 분립 개척하여 이리신광교회를 세우는 데 헌신하셨다. 당시 재산이 많았던 선친은 그 재산을 모두 처분하고 이리시 중앙에 땅을 구입하여 이리에서 중심이 되는 교회를 세우는 데 헌신하신 것이다. 얼마를 드렸는지는 기록이 남아 있지 않아 정확히 알 수는 없지만, 재산을 자손들에게 나누어 주시지 않고 교회를 세우는 데 모두 바치셨다. 이 일로 인해 오랫동안 자녀들에게 원망을 사기도 했다. 지금은 이해가 되지만, 멀리 보면 그것이 진정 자녀를 위한 길이라고 생각하셨던 것 같다. 지금도 그 교회는 호남 지방에서 중심적인 역할을 잘 감당하며 부흥 성장하고 있다.

그러나 지금까지도 나를 감동시키는 이유는 다른 데 있다. 선친은 집까지 다 바쳤기에 교회 사택에 거하셨다. 그러다 10년쯤 지나 그 교회를 훌쩍 떠나 아주 멀리 강원도로 이사하셨다. 그 이후로 재산도 없이 빈 몸으로 전국을 돌아다니며 가난하게 사셨다. 머무는 곳마다 최선을 다해 교회를 섬기셨고, 평생을 교회만 사랑하다가 마지막은 아무 연고도 없는 작은 시골 교회를 섬기다가 소천하셨다. 비록 어릴 때 일이지만 늘 성경을 보면서 노트에 깨알 같은 글씨를 적어가며 설교를 준비하시던 모습이 지금도 잊히지 않는다.

왜 성전 건축을 하고 나서 그곳을 떠나셨을까? 결코 쉽지 않은 일이었을 텐데 말이다. 일찍 고인이 되셔서 자세한 내용을 알 수 없지만 어머님의 말씀에 의하면 초대 장로로서 선친이 재산을 바쳐 성전 건축에 기여한 후 교회에 자리 잡고 있으면 교회 성장이 안 되고, 목회하기가 쉽지 않으리라 생각하셨던 것 같다. 교인들이 은연중에 자신의 눈치만 보게 되기에 하나님께 영광이 되지 않는 일이 생길 수 있다고 여기셨던 것 같다.

이런 경우를 우리 주변에서 많이 볼 수 있다. 그래서 떠나기로 선택했다는 모친의 말씀이 지금도 나의 마음속에 깊이 새겨져 있다. 당시 한국교회에는 선친뿐만 아니라 이처럼 아름다운 신앙의 모습이 많았다. 이 같은 보이지 않는 믿음의 선진들의 희생이 있었기에 한국교회가 눈부시게 성장했다. 선친이 중심되어 분립 개척한 교회가 성장한 모습과 그 교회가 섬기는 익산 지역이 한국에서 가장 높은 복음화율을 이룬 것을 보면서 깨닫는 바가 크다. 바라기는 그 교회가 평신도들의 한 알의 희생으로 세워진 개척 당시의 초심을 잃지 않고, 계속해서 대를 이어가길 기도할 뿐이다. 계속 규모가 커지다 보면 본래 하나님의 뜻과 다른 모습으로 변질될 수 있기 때문이다.

성전 건축이 필요 없다는 말이 결코 아니다. 성전 건축도 중요하다. 당연히 하나님을 예배하고 섬기기 위한 거룩한 공간이 있어야 한다. 이런 장소를 가진다는 것은 신앙에도 유익하다. 그러나 너무 큰 성전과 많은 부동산을 소유하게 되면 그것이 하나님을 대신할 수 있고, 그것이 타락과 부패의 골을 만들 수 있음을 잊지 말아야 한다. 한국은 신라시대부터 불교가 국교였기에 전국에 수많은 사찰이 지어졌다. 산속마다 지어진 수많은 대웅전과 탑과 절은 오늘날 대부분의 사람과 상관없는 건물 유적지로만 남아 있다. 불교는 그 이후로 부패하고 급격히 쇠퇴함으로써 건물만 남고 형식만 남은 종교로 전락했다.

유럽에 세워진 수없이 많은 큰 성당도 같은 모습이 되고 있다. 오히려 이 같은 거대한 건물이 하나님을 잊어버리게 하는 요인이 될 수 있다. 하나님은 결코 그런 곳에 갇히실 분이 아니다. 사람들은 성전을 크게 지으면 틀림없이 하나님이 함께하실 것이라는 생각을 가질 수 있다. 하지만 이것은 하나님을 바르게 이해한 게 아니다. 도리어 무지한 사람들이 하나님을 오해하게 만드는 요인이 된다.

보이지 않는 사람,
성전 건축을 위한 기도

하나님이 정말로 큰 성전이나 화려한 곳에 거하신다면 예수님은 왜 예루살렘 성전이 아니라 아주 작고 초라한 무명의 베들레헴 마구간 교회에서 태어나셨는지 곱씹어봐야 하지 않을까? 오히려 그곳이 하나님을 온전히 드러내는 데 더 효과적이기 때문이 아니었을까? 어쩌면 광야교회(행 7:38)가 주님이 원하시는, 결코 사라지지 않을 진정한 교회의 모습이 아니었을까? 정말로 하나님을 위한 성전 건축은 어떠해야 하는지 고민해봐야 한다. 정말로 하나님을 위한 성전 건축인지, 결코 그래서는 안 되지만 혹시 숨겨진 나의 욕망을 위한 성전 건축 프로젝트는 아닌지 정직하게 생각해봐야 한다. 지금이야말로 영이신 하나님을 온전히 드러내는 성전 건축의 바람직한 모델은 무엇인지에 관한 신학적인 반성과 성경적인 대안이 필요한 때다.

나단을 통해 하나님의 말씀을 들은 다윗은 여호와 앞에 들어가 앉아 기도했다(삼하 7:18). 여기서 "여호와 앞에 들어가 앉았다"라는 구절에 유의할 필요가 있다. 기도란 무엇인가? 하나님 앞에 들어가 앉는 것이다. 왕의 자리를 포기하고 하나님 앞에 종처럼 앉는 게 기도이다. 우리는 기도할 때마다 이 성경 구절을 상기할 필요가 있다. 하나님 앞에 앉아 기도하는 모습은 우리가 가져야 할 올바른 기도의 모습이다. 하나님 앞에 앉아서 무엇을 해야 하는가? 하나님이 하신 말씀을 다시금 경청하고, 그 말씀에 대한 나의 고백을 아뢰어야 한다. 이것이 기도이다. 자기 생각대로 무조건 할 말을 퍼붓는 식의 기도는 오만한 태도이다. 하나님 앞에 겸손하게 앉아 있는 모습이 아니다.

다윗은 나단을 통해 하신 하나님의 말씀을 깊이 경청하면서 기도했다. 참으로 인격적인 기도의 모습이다. 다윗은 그동안 자신이 하나님을 위해 무엇인가를 해야 한다고 생각했다. 그러나 지금은 자신이 하나님을 위해 행하는 일이 아니라 하나님이 나를 위해 행하시는 일이 무엇인가에 초점을 맞추고 있다. 사무엘하 7장 18~29절에 기록된 다윗의 기도문을 읽어 보면 이 점이 명백히 드러난다. 기도의 중심이 다윗 자신에게서 하나님에게로 옮겨감을 알 수 있다. 하나님의 임재 속에 들어가며 하나님의 말씀을 깨닫는 기도임을 알 수 있다. 다윗은 자신을 향한 하나님의 놀라운 계획을 받아들이며 자신이 가지고 있던 계획을 포기했다. 하나님이 자신을 위해 집을 지어 주시겠다는 말씀의 의미를 깨닫고 나서는 자신이 하나님을 위해 성전을 짓겠다는 말을 더 이상 하지 않았다.

자기를 포기하는 기도

기도란 자기 계획을 포기하고 하나님의 뜻을 아는 일이다. 이것을 깨닫는 때가 바로 기도 시간이다. 내가 하나님을 위해 무엇인가를 하려는 교만을 버릴 때 비로소 우리는 하나님이 나를 사용하심을 깨닫게 된다. 이것이 바로 기도의 능력이다. 우리는 기도를 통해 이런 능력을 체험해야 한다. 내가 하나님을 위해 무엇을 하려고 하면 힘들다. 그러나 하나님이 나를 위해 일하심을 깨닫는다면 그 순간 놀라운 평안이 찾아온다.

우리는 하나님 앞에 앉아 있는 기도의 시간을 통해 이 사실을 깨달아야 한다. 하나님을 위해 큰 교회를 이루고 큰 업적을 남기고 높은 지위에 올라가며 세상에서 성공해야 한다는 생각이 얼마나 많은가? 우리는 종종 이렇게 기도한다. "하나님, 저를 크게 해주시면 하나님의 영광을 크게 높여 드리겠습니다. 저를 축복해주시면 저도 한

번 크고 멋지게 하나님의 일을 해보겠습니다. 그러니 저를 키워주시고 저를 축복하소서. 하나님의 영광을 위해 하는 일입니다. 다 아시지요?" 많은 기도가 이 같은 부류에 속한다. 우리의 기도가 이와 같다면 한번 재고해봐야 한다.

다윗의 기도는 자신이 하나님을 위해 행한 일이 아니라 하나님이 자신을 위해 행하신 일에 초점이 맞추어져 있다.

다윗왕이 여호와 앞에 들어가 앉아서 이르되
주 여호와여 나는 누구이오며 내 집은 무엇이기에
나를 여기까지 이르게 하셨나이까.
주 여호와여 주께서 이것을 오히려 적게 여기시고
또 종의 집에 있을 먼 장래의 일까지도 말씀하셨나이다.
주 여호와여 이것이 사람의 법이니이다.

주 여호와는 주의 종을 아시오니
다윗이 다시 주께 무슨 말씀을 하오리이까.
주의 말씀으로 말미암아 주의 뜻대로 이 모든 큰일을 행하사
주의 종에게 알게 하셨나이다.
그런즉 주 여호와여 이러므로 주는 위대하시니
이는 우리 귀로 들은 대로는 주와 같은 이가 없고
주 외에는 신이 없음이니이다.

땅의 어느 한 나라가 주의 백성 이스라엘과 같으리이까.

하나님이 가서 구속하사

자기 백성으로 삼아 주의 명성을 내시며

그들을 위하여 큰일을, 주의 땅을 위하여 두려운 일을

애굽과 많은 나라들과 그의 신들에게서 구속하신

백성 앞에서 행하셨사오며

주께서 주의 백성 이스라엘을 세우사

영원히 주의 백성으로 삼으셨사오니

여호와여 주께서 그들의 하나님이 되셨나이다.

여호와 하나님이여

이제 주의 종과 종의 집에 대하여 말씀하신 것을

영원히 세우셨사오며 말씀하신 대로 행하사

사람이 영원히 주의 이름을 크게 높여 이르기를

만군의 여호와는 이스라엘의 하나님이라 하게 하옵시며

주의 종 다윗의 집이 주 앞에 견고하게 하옵소서.

만군의 여호와 이스라엘의 하나님이여

주의 종의 귀를 여시고 이르시기를

내가 너를 위하여 집을 세우리라 하셨으므로

주의 종이 이 기도로 주께 간구할 마음이 생겼나이다.

주 여호와여 오직 주는 하나님이시며 주의 말씀들이 참되시니이다.

주께서 이 좋은 것을 주의 종에게 말씀하셨사오니
이제 청하건대 종의 집에 복을 주사
주 앞에 영원히 있게 하옵소서.
주 여호와께서 말씀하셨사오니
주의 종의 집이 영원히 복을 받게 하옵소서(삼하 7:18-29).

여기서 반복해서 나오는 구절은 "하나님이 말씀하셨사오니 그대로 행하옵소서"이다. 다윗의 기도는 자기 생각을 아뢰는 것에서 하나님의 뜻을 따르는 것으로 바뀌었다. "만군의 여호와 이스라엘의 하나님이여 주의 종의 귀를 여시고 이르시기를 내가 너를 위하여 집을 세우리라 하셨으므로 주의 종이 이 기도로 주께 간구할 마음이 생겼나이다"(삼하 7:27).

이제부터 우리의 기도도 이와 같이 바뀌어야 한다. 하나님이 행하신 일에 기초해서 기도를 시작하자. 내가 주도하는 것이 아니라 하나님이 주도하시는 기도가 되게 하자. 먼저 나를 향한 하나님의 계획을 알고, 그 뜻이 이루어지도록 기도한다면 얼마나 힘이 날까? 허공을 치는 기도가 아니라 정확한 목표를 향한 기도가 되기 위해서는 말씀에 근거해야 한다. 오늘도 하나님이 나를 통해 행하실 일을 기대하면서 그 약속의 말씀을 붙잡고 기노한다면 우리의 기도가 참으로 능력 있는 기도가 될 것이다.

07

정의와 공의를 이루는 기도를 하라

우리가 기도하는 것도 하나님의 정의와 공의를
이루기 위함이다. 하나님은 정의와 공의가 이루어지지
않으면 결코 복을 주시지 않는다.

하나님은 그분의 뜻과 함께하는 사람이 어디로 가든지 승리하게
하신다. 하나님과 교제하면서 기도에 힘쓰면 모든 것을 기도하는 사
람에게로 이끄신다. 이것이 우리를 향하신 하나님의 계획이자 축복
이다. 하나님의 뜻을 알고 하나님의 말씀을 이루는 삶을 산다면 우
리는 자연스럽게 복을 받게 된다. 중요한 것은 하나님의 뜻을 이루
는 일이다. 내가 하나님을 위해 무엇을 하려고 하기보다 하나님이
나를 통해 하시고자 하는 그 일을 믿음으로 행하는 것이 중요하다.
이것을 깨닫기 위해 기도가 필요하다. 우리가 기도하는 주된 이유가
여기에 있다. 부수적인 이유도 모두 이 안에 포함된다.

하나님의 응답보다
하나님의 사람이 먼저다

하나님의 복을 받은 다윗에게 나타난 결과는 사무엘하 8장에 잘 나타나 있다. 반복해서 나오는 구절은 이방 사람들이 "다윗의 종이 되었다"(삼하 8:2,6,14)는 것이다. 하나님은 이스라엘 주위에 있는 나라들, 즉 모압, 아람, 에돔이 모두 다윗의 종이 되게 하셨다. 성경은 다윗의 나라가 강성해져 가는 모습을 보여준다. 전적으로 하나님의 은혜로 말미암은 것이다. 하나님의 축복은 "다윗이 어디로 가든지 여호와께서 이기게 하시니라"(삼하 8:6,14)는 구절에서 절정에 이른다.

하나님은 기도하는 사람이 어디로 가든지 승리하게 하신다. 꼬리가 되지 않고 머리가 되게 하신다. 하나님 중심으로 움직이는 사람에게 모든 사람을 붙여주신다. 얼마나 놀라운 축복인가! 그리스도인의 승리 비결은 먼저 하나님의 사람이 되는 데 있다. 그러면 하나님이 우리를 승리하게 하신다.

기도 시간은 우리를 하나님의 사람으로 만드는 시간이다. 많은 기도의 시간을 통해 하나님 앞에서 우리를 다듬어가는 데 초점을 두어야 한다. 필요한 것을 구하기 전에 하나님의 사람이 되는 것이 급선무이다. 하나님은 하나님의 사람을 날마다 승리하게 하시고 어디로 가든지 형통하게 하신다.

다윗은 나라를 어떻게 통치했을까? "다윗이 온 이스라엘을 다스려 다윗이 모든 백성에게 정의와 공의를 행할새"(삼하 8:15)라는 구절은 다윗의 통치 모습을 잘 보여준다. 여기서 등장하는 '정의'과 '공의'는 하나님의 주권적인 통치 방식이다. 그러므로 우리 기도 속에 이 두 가지가 반드시 필요하다. 정의과 공의가 빠진 기도는 그 힘을 잃는다. 하나님이 응답하시지 않는다. 기도는 우리의 욕구를 채우기 위한 것이 아니라 하나님의 정의와 공의를 이루는 일이다. 우리는 그동안 정의와 공의를 상실한 채 우리의 요구만 채우는 기도를 했다. 다윗이 어디로 가든지 하나님의 승리를 얻은 것은 정의와 공의를 실천했기 때문이다. 따라서 우리가 많이 기도함에도 그토록 승리가 적은 이유는 정의와 공의를 상실했기 때문은 아닌지 점검이 필요하다.

하나님이 우리의 삶에서 원하시는 핵심은 '정의'와 '공의'다. 하나님은 이스라엘 역사 속에서 정의와 공의라는 잣대로 백성을 부하게도 하셨고 멸하게도 하셨다. 정의와 공의는 구약성경에 일관되게 나오는 하나님의 통치 방법이다. 그리스도인은 기도를 통해 정의와 공의를 이루어야 한다. 정의와 공의는 우리 기도의 중심 주제다. 우리의 기도가 얼마나 정의와 공의에 기초하고 있는지 점검 없는 기도는 하나님의 뜻과 멀어질 수 있다. 적어도 하나님을 향해, 하나님 앞에서 기도한다면 정의와 공의를 무시해서는 안 된다.

정의와 공의를
구하는 기도

오늘 내가 하는 기도가 정의와 공의를 이루는 일과 상관없다면 무의미하다. 우리가 구하는 축복 역시 정의와 공의 차원에서 점검이 필요하다. 그렇지 않으면 그것은 하나님이 주시길 원하는 복이 아니다. 나의 욕구만 구하는 복은 이미 정의와 공의를 상실한 복이다. 부정직한 방법으로 이익을 취하는 복은 정의에 상반된 복이다. 이런 일에 하나님이 함께해 달라고 기도하는 것은 하나님에 대한 모욕이다. 하나님 나라는 정의와 공의를 이루는 나라이지만 세상의 나라는 불공평과 불의가 가득한 나라이다. 하나님 나라를 이루는 기도의 구체적인 제목은 정의와 공의이다.

이스라엘에서 항상 문제가 된 것은 불의와 불공평이었다. 빈핍한 자를 불공평하게 판단했고, 가련한 자와 불쌍한 자를 토색했다. 가진 자들이 더 많이 갖기 위해 과부와 고아를 약탈했다. 정당한 방법이 아니라 불의한 방법으로 이익을 취했다. "여호와께서 이와 같이 말씀하시되 너희가 정의와 공의를 행하여 탈취당한 자를 압박하는 자의 손에서 건지고 이방인과 고아와 과부를 압제하거나 학대하지 말며 이곳에서 무죄한 피를 흘리지 말라. 너희가 참으로 이 말을 준행하면 다윗의 왕위에 앉을 왕들과 신하들과 백성이 병거와 말을 타고 이 집 문으로 들어오게 되리라. 그러나 너희가 이 말을 듣지 아니하면 내가 나를 두고 맹세하노니 이 집이 황폐하리라. 여호와의 말씀이니라"(렘 22:3-5).

우리가 복을 받는 비결은 우리가 있는 곳에서 얼마나 정의와 공의를 이루는가에 달려 있다. 우리가 기도하는 것도 정의와 공의를 이루기 위함이다. 하나님은 정의와 공의가 이루어지지 않으면 결코 복을 주시지 않는다. 집과 땅이 황무하게 되고 저주를 받게 된다.

이렇게 보면 우리가 기도해야 할 내용이 참으로 많다. 우리 주위에 불공평 속에서, 불의 속에서 고난당하고 핍박받는 사람이 얼마나 많은가? 우리의 기도를 필요로 하는 사람이 수없이 많다. 하나님이 해결해주시지 않으면 인간의 힘으로는 힘들다. 정의와 공의의 나라가 이루어지게 해달라고 기도해야 한다. 우리 공동체에서 정의와 공의가 올바르게 세워지게 해달라고 기도해야 한다. 이것이 그리스도인이 악한 세상에서 존재하는 이유다. 힘 있게 기도하는 능력의 사람이 더 많이 필요한 이유다.

PART 4

놀라운 기도 응답을
체험한 다윗

01

먼저 자신의 죄를
고백하라

우리로 하여금 기도하게 하고 참회하게 하는 것은
오직 들려지는 주의 말씀이다.
말씀이 들려지면 용기 있게 통회하게 된다.

「천로역정」을 쓴 존 번연은 "기도는 인간으로 하여금 죄를 그만 짓게 한다. 그렇게 하지 않으면 죄가 인간으로 하여금 기도를 그만 두게 할 것이다. 왜냐하면 기도는 영혼의 방패요, 하나님께는 희생 제물이요, 사탄에게는 채찍이 되기 때문이다"라고 말했다.

기도는 죄를 이기는 길이다. 특히 회개기도는 이미 지은 죄까지 용서받는 능력이 있다. 이렇게 보면 기도할 수 있다는 것 자체가 얼마나 놀라운 특권인지 모른다! 우리의 기도를 듣고 응답해주시는 하나님 아버지를 믿는다는 것은 크나큰 축복이다. 그런데도 우리는 종종 기도하는 것을 잊어버릴 때가 있다. 인간이 기도를 잊어버리는 순간 죄가 소리 없이 찾아온다. 죄가 우리를 지배하게 된다.

평안한 순간이
더 위험하다

　　이스라엘은 암몬과 아람의 연합군을 상대로 전쟁을 일
으켰다. 요압은 이 전쟁에 앞장서서 싸웠다. 그런데 다윗은 전쟁에
나가지 않았다. 사무엘하 11장 1절은 "그 해가 돌아와 왕들이 출전할
때가 되매"라고 언급함으로써 다윗이 당연히 출전해야 함에도 출전
하지 않았음을 강조하고 있다. 아이러니하게도 다윗이 출전하지 않
음으로 말미암아 전쟁터에서 문제가 생긴 것이 아니라 오히려 왕궁
에서 문제가 생겼다. 전쟁터에서는 요압을 중심으로 힘써 싸워 혁혁
한 전과를 올리고 있었다. 하지만 다윗은 전쟁에 나가지 않고 예루
살렘에 그대로 남아 있었다. 전쟁 중에도 다윗이 예루살렘에 그대로
남아 있었다는 사실은 무엇인가 문제가 있음을 간접적으로 말해준
다. 굳이 자신이 나가지 않더라도 전쟁에서 승리할 것이라는 자만심
이 저변에 깔린 듯한 인상을 준다. 나라가 크게 안정된 상황이었기
때문이다.

　　다윗은 이제 자신이 직접 전쟁에 나가는 대신 왕으로서 이스라
엘 군대를 보낼 수 있는 위치에 있었다. 사무엘하 11장에 세 번이나
등장하는 '보내다'라는 단어에 유의하면서 읽어보면 그 속에 담긴
의미를 짐작할 수 있다. 다윗은 밧세바를 궁으로 데려오기 위해 사
자를 보냈다(4절). 그리고 요압에게 전쟁터에 있는 우리아를 자신에
게 보내라고 했다. 다윗은 자신에게 온 우리아를 그의 집으로 보냈

다(12절). 다윗은 자기 뜻대로 되지 않자 우리아의 손에 편지를 들려 요압에게 보냈다(14절). 왕 이외에 다른 사람은 보내는 일을 할 수 없다. 다윗의 명령 속에 등장하는 '보내다'라는 단어에는 다윗이 지금 얼마나 교만해져 있는지를 잘 보여주려는 기자의 의도가 숨어 있다. 다윗이 무슨 일 때문에 전쟁에 나가지 않고 예루살렘에 남아 있었는지는 모르지만 권력을 사적으로 악용하는 만용을 부렸다. 다윗의 말 한마디면 모든 게 통하는 상황이었다. 누구도 다윗이 하는 일에 딴지를 걸 수 없었다. 그러나 "선 줄로 생각하는 자는 넘어질까 조심하라"는 말씀처럼 다윗은 위기가 다가옴을 인식하지 못했다.

다윗은 전쟁 중에 한가롭게 왕궁 옥상을 거닐다가 밧세바를 보고 그 아름다움에 반해 불법으로 동침한다. 분명 남편이 있는 유부녀임을 알고서도 데려오게 한 것은 다윗의 마음이 얼마나 교만한 상태인지를 잘 보여준다. 그로 인해 뜻하지 않게 아이를 잉태하자 다윗은 이 사실을 숨기기 위해 남편인 우리아를 데려와 밧세바와 동침시키려는 계획을 세운다. 하지만 자기 뜻대로 되지 않자 결국 우리아를 전쟁터에서 죽게 만들기 위한 모살계획을 은밀하게 추진한다. 다윗은 우리아만 죽으면 밧세바와의 일이 무마될 것이라고 생각했다. 그러나 매우 어리석은 생각이다. 세상일도 그럴 수 없는 법인데 하물며 하나님 앞에서 용납될 수 없는 일이었다. 다윗은 지금 하나님에 대한 감각이 죽어 있었다. 그동안 모든 일을 기도하며 행하던 모습과는 완전 딴판이었다. 하나님이 없는 사람과 동일하게 행동했다.

무서운 죄인 줄도 모른 채 계속 죄 속으로 깊이 빠져드는 다윗의 모습은 인간사에서 흔히 볼 수 있다. "죄가 장성하면 사망을 낳는다"고 했다. 분명 이것을 두고 한 말일 것이다. 죄는 갑작스럽게 일어나기보다는 서서히 은밀하게 진행된다. 그래서 사람들은 잘 알아차리지 못한다. 죄짓는 자신조차 자기가 하는 일이 무슨 일인지 잘 인식하지 못한다.

다윗은 그동안 하나님, 또한 인간과의 관계가 좋은 사람이었다. 무자비함도 없고 친근하고 정이 많은 사람이었다. 작은 것 하나조차 하나님에게 묻고 시작하는 사람이었다. 그런데 밧세바를 범하고 그 죄를 은폐하는 과정을 살펴보면 기도라는 것을 찾아볼 수가 없다. 다윗 속에는 하나님이 없었다. 오직 아름다운 밧세바만 눈에 아른거렸다. 어떻게 우리아를 그토록 무자비하게 죽일 수 있었을까? 다윗은 죄책감도 없이 엄청난 일을 저질렀다. 그 이후에도 죄책감이나 회개의 의지 없이 평소처럼 생활했다. 마치 아무 일도 없었던 것처럼.

어제의 기도로
오늘을 살 수 없다

아무리 기도에 충실한 사람일지라도 한순간에 기도를 완전히 잃어버릴 수 있다. 사람은 항상 성령 충만한 것은 아니다. 우리 안에 죄악이 들어오면 과거에 그토록 성령 충만함으로 하나님에게 쓰임받았던 사람도 순식간에 나락으로 떨어질 수 있다. 이런 점에서 성령 충만은 한 번이 아니라 매일 받아야 하는 일이다. 과거의 신앙을 자랑해서는 안 된다. 오늘 근신하지 않으면 누구나 다윗처럼 죄악 속에 깊이 빠져들 수 있다. 또한 혼자 있는 것을 조심해야 한다. 광야에서 혼자 있는 것과 왕궁에서 혼자 있는 것은 차원이 다르다. 광야는 하나님을 의지할 수밖에 없는 곳이지만 왕궁은 얼마든지 욕심을 탐할 수 있는 곳이다. 광야는 하나님과 함께할 수밖에 없지만 왕궁은 사람과 함께할 수 있는 곳이다.

예를 들어, 늦은 밤 집에 혼자 남아 컴퓨터와 함께하는 것은 위험하다. 부모가 자녀를 컴퓨터와 함께 집에 혼자 두는 것을 걱정하는 것도 이 같은 죄악의 유혹을 알기 때문이다. 공동체가 함께할 때 함께하지 않고 혼자 있는 것은 매우 위험하다. 혼자 있는 일이 늘 좋은 것만은 아니다. 혼자 있는 자리에는 늘 유혹이 있다. 은혜의 자리지만 또한 유혹의 자리기도 하다. 사탄은 예수님이 광야에 혼자 계실 때 시험했다. 아이러니하게도 다윗은 혼자 있는 동안 신앙이 자랐지만 또한 혼자 있을 때 끔찍한 죄를 저질렀다.

결국 하나님은 나단을 다윗에게 보내셨다. 다윗은 그동안 자신이 모든 사람을 보낸 뒤 오라고만 했다. 하나님은 이런 다윗에게 나단 선지자를 보내셨다(삼하 12:1). 다윗에게 사람을 보낼 수 있는 분은 하나님밖에 없다. 사무엘하 12장은 나단의 책망과 다윗의 회개 장면을 소개한다. 나단 선지자가 다윗에게 와서 하나님의 말씀을 대언할 때 반복해서 나오는 단어가 있다. 바로 '빼앗다' 이다. 사무엘하 12장 1~14절에 보면 '빼앗다' 라는 단어가 무려 네 번이나 나온다(삼하 12:4,9,10,11). 다윗이 자기 종의 아내를 빼앗은 행위는 부자가 가난한 사람의 새끼 양을 빼앗아 잔치를 베푼 일과 같았다.

자신에게 힘이 있다고 해서 남의 것을 함부로 빼앗을 수 있다고 생각하는 것은 지극히 위험한 발상이다. 오늘날도 자기 힘을 믿고 모든 것을 할 수 있다고 생각하는 사람이 많다. 돈과 권력, 배경을 가진 사람은 자기 힘으로 무엇이든지 할 수 있다고 생각해서 약한 사람의 것을 함부로 빼앗는 일을 서슴지 않는다. 모든 것을 자기 힘에 의지하는 사람은 하나님의 도우심이 필요하지 않다. 다윗이 그랬다. 오래전에 하나님은 왕의 제도를 경고하셨다. 왕의 제도는 한순간에 절대 권력으로 악용될 수 있기 때문이다. 절대 권력은 부패하고 오래가지 못한다. 다윗은 바로 이 사실을 입증했다.

강퍅한 마음을 이야기로
부드럽게 하라

나단은 지혜로운 사람이었다. 다윗의 잘못을 직접적으로 지적하지 않고 간접적으로 드러냈다. 비유를 통해 다윗 안에 숨어 있는 죄를 들추어냈다. 이야기의 위력이다. 나단의 이야기를 듣고 있던 다윗은 그 잔인함에 격분해 스스로 의로운 재판관이 되어 그 부자에게 사형선고를 내렸다. 나단은 그때를 놓치지 않고 "당신이 그 사람이라"고 말했다. 하나님 말씀이 능력을 발휘하기 위해서는 개인적으로 다가서야 한다. 성경은 공동체의 이야기지만 언제나 개인을 향해 있다. 다윗은 방어벽을 튼튼하게 구축했다. 그러나 나단의 이야기는 그 방어벽을 여지없이 무너뜨리는 위력을 발휘했다. 다윗은 완전히 항복했다. 나단을 통해 지적된 다윗의 잘못은 하나님의 말씀을 업신여기고 하나님이 보시기에 악을 행한 것이었다(삼하 12:9).

다윗은 왜 죄를 범했을까? 밧세바 때문이었을까? 물론 다윗은 그녀의 아름다운 모습에 빠져 죄를 범했다. 하지만 이것이 근본적인 원인은 아니다. 더 근본적으론 다윗의 마음에 이미 하나님의 말씀을 업신여기는 태도가 자리 잡고 있었기 때문이다. 권력의 힘이 세지면서 하나님의 말씀이 멀어졌다. 말씀이 희미해지면 죄를 이길 수 있는 저항력이 약해진다. 이것이 밧세바를 범하게 된, 또한 우리아를 죽이게 된 중요한 이유이다. 말씀만이 죄를 이길 수 있다. 하나님의 약속을 신실하게 따르면 그 약속이 나를 지켜준다. 그러나 약속에 대한 믿음이 약해지면 죄가 강하게 나타나 나를 사로잡게 된다. 요셉도 다윗과 비슷한 상황에 처했다. 그러나 요셉은 보디발의 아내의 유혹을 과감히 뿌리쳐 죄를 짓지 않았다. 요셉은 그 순간에도 하나님만 생각했다. 하나님에게 득죄할 수 없다는 생각이 죄를 이기게 했다.

다윗은 나단을 통해 하나님의 말씀을 듣고서야 이렇게 고백했다. "내가 여호와께 죄를 범하였노라"(삼하 12:13). 그러자 나단은 "여호와께서도 당신의 죄를 사하셨나니 당신이 죽지 아니하려니와

이 일로 말미암아 여호와의 원수가 크게 비방할 거리를 얻게 하였으니 당신이 낳은 아이가 반드시 죽으리이다"(삼하 12:13-14)라고 대답했다.

다윗은 그동안 얼마나 힘들었을까? 죄를 품고 있는 마음의 상태를 경험해본 사람이라면 누구나 이해할 것이다. 그러므로 하나님의 말씀을 듣고 죄를 토하게 되면 무척 행복하다. 하나님은 즉시 용서하시고 다윗이 죽지 않을 것이라는 소망의 말씀을 주셨다. 하나님의 무한한 자비가 느껴지는 대목이다. 물론 하나님의 공의도 나타나야 하기에 밧세바와 죄를 범해 낳은 아이는 죽게 될 것이라고 말씀하셨다. 이것은 다윗이 하나님을 위해 짊어져야 할 아픔이었다. 그래도 하나님에게 사함을 받았으니 마음이 얼마나 시원했을까 하는 생각이 든다. 회개의 기도는 위대한 힘이 있다. 인간의 힘으로는 도저히 해결할 수 없는 죄의 문제를 해결할 수 있다. 다윗의 회개기도는 말씀을 들을 때 일어났다. 그전에는 스스로 회개할 수 없었다. 기도조차 할 수 없었다. 이렇게 보면 내가 기도한다기보다 말씀이 기도하게 한다고 이해해야 맞다.

말씀을 들을 때
회개하고 기도하게 된다

따라서 죄 가운데 있을 때 기도하기란 결코 쉽지 않다.

정말 기도하고 싶은가? 말씀을 들어야 한다. 우리로 하여금 기도하게 하고 참회하게 하는 것은 오직 들려지는 주의 말씀뿐이다. 말씀이 들려지면 용기 있게 통회하게 된다. 평소에 말씀을 가까이했던 다윗을 다시 깨우친 것 역시 하나님의 말씀이었다. 죄는 사람과 함께 범하는 것이지만 동시에 하나님에게 죄를 범하는 것이다. 사람에게 돌아서기보다는 하나님에게로 돌아서야 한다. 이것이 진정한 회개기도다.

시편에는 다윗이 밧세바와 죄를 범한 후에 나단 선지자를 통한 하나님의 말씀을 듣고 회개한 기도문이 실려 있다. 당시 상황을 그려보면서 다윗의 마음을 품고 이 기도문을 읽어보자. 시편 51편과 함께 '회개의 시편'으로 구분되는 시편 6편, 32편, 38편, 102편, 130편, 143편을 같이 읽으면 더욱 큰 도움을 얻을 수 있다.

하나님이여
주의 인자를 따라 내게 은혜를 베푸시며
주의 많은 긍휼을 따라 내 죄악을 지워주소서.
나의 죄악을 말갛게 씻으시며 나의 죄를 깨끗이 제하소서.
무릇 나는 내 죄과를 아오니
내 죄가 항상 내 앞에 있나이다.
내가 주께만 범죄하여 주의 목전에 악을 행하였사오니
주께서 말씀하실 때에 의로우시다 하고
주께서 심판하실 때에 순전하시다 하리이다.

내가 죄악 중에서 출생하였음이여
어머니가 죄 중에서 나를 잉태하였나이다.

보소서.
주께서는 중심이 진실함을 원하시오니
내게 지혜를 은밀히 가르치시리이다.
우슬초로 나를 정결하게 하소서.
내가 정하리이다.
나의 죄를 씻어주소서.
내가 눈보다 희리이다.
내게 즐겁고 기쁜 소리를 들려주시사
주께서 꺾으신 뼈들도 즐거워하게 하소서.
주의 얼굴을 내 죄에서 돌이키시고
내 모든 죄악을 지워주소서.
하나님이여 내 속에 정한 마음을 창조하시고
내 안에 정직한 영을 새롭게 하소서.

나를 주 앞에서 쫓아내지 마시며
주의 성령을 내게서 거두지 마소서.
주의 구원의 즐거움을 내게 회복시켜주시고
자원하는 심령을 주사 나를 붙드소서.
그리하면 내가 범죄자에게 주의 도를 가르치리니

죄인들이 주께 돌아오리이다.

하나님이여 나의 구원의 하나님이여

피 흘린 죄에서 나를 건지소서.

내 혀가 주의 의를 높이 노래하리이다.

주여 내 입술을 열어주소서.

내 입이 주를 찬송하여 전파하리이다.

주께서는 제사를 기뻐하지 아니하시나니

그렇지 아니하면 내가 드렸을 것이라.

주는 번제를 기뻐하지 아니하시나이다.

하나님께서 구하시는 제사는 상한 심령이라.

하나님이여 상하고 통회하는 마음을 주께서

멸시하지 아니하시리이다.

주의 은택으로 시온에 선을 행하시고

예루살렘 성을 쌓으소서.

그때에 주께서 의로운 제사와 번제와

온전한 번제를 기뻐하시리니

그때에 그들이 수소를 주의 제단에 드리리이다(시 51편).

다윗은 이 기도를 통해 하나님 앞에서 자신의 존재를 새롭게 깨
닫게 되었다. "내가 죄악 중에서 출생하였음이여 어머니가 죄 중에
서 나를 잉태하였나이다"라는 구절은 자신이 죄인이라는 사실을 철

저히 인식하고 있음을 보여준다. 인간은 자신이 누구인지 망각할 때 죄를 범하게 된다. 혹시 잘못된 길임에도 하나님에게 돌아서지 못한 채 그대로 계속 가고 있는가? 하나님은 나를 사랑하시기에 회개의 기회를 주신다. 다양한 사람을 통해 말씀을 주신다. 우리가 이 말씀에 귀를 기울이고 "제가 하나님께 죄를 범했습니다"라는 기도를 한다면 하나님은 그 즉시 용서해주실 것이다. 나의 주위에 나단이 없는지 잘 살펴보자.

02

거절도 응답된
기도이다

기도한다고 항상 응답되는 것은 아니다.
응답만을 위해 기도한다면 우리는 기도에 실패하게
된다. 기도는 응답 이상의 의미가 있다.

우리는 응답을 바라면서 기도한다. 하나님은 분명히 우리의 기도를 들으신다. 우리는 구하면 주실 것이라는 믿음을 가지고 구하고 찾고 두드린다. 그런데 중요한 것은 하나님이 주시는 응답과 우리가 바라는 응답 사이에는 차이가 있다는 사실이다. 기도할 때 이 차이를 구분하지 못하면 실족한다. 기도는 궁극적으로 하나님의 뜻을 찾는 일이다. 기도를 통해 하나님의 뜻을 찾았으면 이미 응답된 것이다.

그렇기에 나의 요구보다 하나님의 뜻에 우선순위를 두고 응답을 이해하는 것이 중요하다. 우상과 같은 비인격적인 신에게 구하는 기도 방식은 일방적인 자기 요구로 점철되어 있다. 어차피 우상은 기도에 응답할 수 없다. 그러나 인격적인 하나님을 향한 기도 방식은 나와 비교할 수 없이 위대하신 그분의 뜻에 맞추는 것이다.

하나님의 자비를
구하는 기도

하나님은 나단을 통해 말씀하신 대로 다윗과 밧세바 사이에서 태어난 아이를 쳐서 병들게 하셨다. 그러자 다윗은 아이를 위해 하나님에게 간구하며 금식하고 밤새도록 땅에 엎드렸다. 아이를 위해 간절히 기도했다. 자신의 죄 때문에 아이가 죽게 되었으니 다윗의 마음은 찢어졌을 것이다. 아이에게 무슨 잘못이 있는가? 자신의 죄로 말미암아 아이가 죽게 될 것이라는 말씀이 있었음에도 다윗은 기도할 수밖에 없었다. 혹시라도 하나님이 뜻을 돌이키시지 않을까, 자비를 베푸시지 않을까 기대했을 수도 있다. 다윗은 땅바닥에 바짝 엎드려 금식하며 간절히 기도했다. 자신을 완전히 낮춘 채 하나님에게 매달렸다. 혹시 하나님이 불쌍히 여기사 아이를 살려주실지 몰랐기 때문이다. 다윗은 실낱같은 한 가닥 희망을 가지고 기도했을 것이다.

기도는 자신을 낮추는 일이다. 완전히 땅바닥에 엎드리는 일이다. 하나님에게 철저히 자신을 비워 종의 모습을 갖는 일이다. 이런 모습으로 기도하는 사람은 철저히 낮아지게 된다. 이런 기도에 대한 첫 번째 응답은 기도를 통해 자신이 낮아지고 죽는 것을 경험한다. 사실 기도 내용의 응답은 그다음이다. 기도하는 사람이 중요하다. 하나님의 관심은 기도하는 사람에게 있다. 그러므로 우리는 무엇을 얻어 내기 위해 기도하기보다 먼저 자신을 죽이고 낮추기 위해 기도해야 한다. 이 마음을 얻는다면 설령 기도대로 이루어지지 않는다 할지라도 기도하는 것 자체로 유익이 있다.

나는 이 같은 기도를 얼마나 해보았는가? 땅바닥에 완전히 엎드려 죽은 상태에서 하나님만 의지한 기도가 있었는가? 아무리 불가능해 보이는 상황일지라도 기도를 포기하지 말고 기도에 힘쓰는 일이 중요하다. 0.1%의 기대감을 가지고 하나님의 자비를 구하는 기도는 우리에게 늘 필요하다. 설령 원하는 응답을 받지 못할지라도 이 기도를 통해 얻은 은혜만으로도 내가 원하는 것을 받은 것 이상의 큰 의미가 있다.

다윗이 기도한 지 이레가 지났다. 원하는 응답을 받았을까? 아니다. 절망스럽게도 아이가 죽었다. 그토록 간절히 기도했는데도 말이다. 다윗은 아이가 죽은 것을 알고 땅에서 일어나 몸을 씻고 기름을 바르고 의복을 갈아입고 하나님에게 경배하고 밧세바를 위로하며 평소 생활로 돌아갔다. 이제 다시 하나님 중심으로 살아가는 다윗의 모습을 볼 수 있다. 하나님의 뜻을 확인한 다윗은 과거의 죄에 매달리지 않고 당당하게 왕으로서 임무를 시작했다. 그리고 밧세바와 동침해 아들을 낳는다. 그가 바로 솔로몬이다. 솔로몬은 '여디디야'라는 이름을 얻었다. "여호와께 사랑을 입었다"라는 뜻이다. 하나님이 은혜를 베푸셔서 다윗의 왕조를 멸망시키지 않고 계속 존속시키겠다는 증거로 주신 아들이었다. 과거의 다윗은 이미 죽은 존재였다. 이제는 하나님의 은혜로 새롭게 태어난 제2의 다윗이 되었다.

여기서 우리는 한 가지 의아한 상황을 대하게 된다. 그토록 자신을 낮추고 진실한 기도를 했음에도 응답되지 않았다는 것이다. 기도한다고 항상 응답되는 것은 아니다. 응답만을 위해 기도한다면 우리는 기도에 실패하게 된다. 기도는 응답 이상의 의미가 있다. 기도하는 사람의 모습 자체가 응답일 수도 있다. 다윗의 기도에 대한 응답은 멀리 있지 않았다. 아주 가까이 있었다. 다윗은 기도한 후에 이전과 다른 모습으로 변했다. 하나님을 경배하고 아픔을 당한 자를 위로하고 하나님의 은혜를 받은 사람으로 새롭게 태어났다. 이 것이 하나님께서 다윗에게 주신 응답이었다. 다윗이 응답으로 구한 아이는 죽었지만 이 기도를 통해 다윗 자신은 한 단계 성숙한 사람이 되었다.

더 큰 것으로
응답하시는 하나님

하나님은 우리가 기도한 대로 들어주시지 않을 때가 있다. 바울은 자신의 가시를 제거해달라고 기도했지만 가시는 사라지지 않고 오히려 자신에게 더 큰 은혜가 임한 것을 보았다. 바울은 가시보다 더 큰 은혜를 경험했다. 바울은 자신에게 주어진 은혜가 족하며 자신이 약할 때가 곧 강할 때라는 놀라운 사실을 깨닫고 기뻐했다. 하나님은 응답하시지 않는 것이 아니다. 언제나 더 큰 것으로 응답해주신다. 이것이 하나님의 마음이다. 이를 통해 하나님은 우리가 기도할 때 언제나 응답해주신다는 사실을 확신할 수 있다. 다만 하나님의 응답은 내가 구하는 것과 다를 뿐이다.

다윗이 살려달라고 기도한 아들은 하나님으로부터 온 아들이 아니었다. 이스마엘과 같은 아들이었다. 하나님이 주신 아들만이 하나님의 약속을 이어갈 수 있었다. 이런 점에서 아이를 데려가신 것은 하나님의 응답이었다. 그 아이 대신에 하나님의 사랑을 입은 솔로몬을 주셨기 때문이다. 하나님의 축복을 받고 태어난 아들을 원하는가? 하나님을 거역한 가운데 태어난 아들을 원하는가? 당연히 하나님의 복을 받은 아들을 원할 것이다.

기도 응답을 찾을 때 눈앞에 나타나는 현재만 보지 말고 먼 미래까지 바라봐야 한다. 내가 구한 기도의 제목을 넘어 더 큰 것을 주시는 하나님의 은혜를 믿는다면 응답받지 못할 기도는 없다. 이것이 기도하는 사람에게 주시는 은혜다. 중요한 것은 주님 앞에 엎드리는 일이다. 이것이 우리가 언제 어디서나 은혜받는 비결이다.

많은 사람이 기도하면서도 실족하는 것은 대부분 응답에 대한 무지 때문이다. 응답하실 하나님을 믿고 기도하면서도 하나님에 대해 실족하는 것은 하나님이 우리의 기도에 응답하시지 않았기 때문이 아니다. 오히려 우리가 생각하는 이상의 것으로 응답하셨기 때문이다. 나의 수준에서 하나님의 응답을 기대한 것이 문제이다. 그러면 응답받고서도 응답받지 못했다고 생각하는 어리석은 사람이 된다.

진실로 응답을 바라는가? 응답받는 기도를 원하는가? 그러면 응답의 시야를 넓히라. 하나님이 응답하시는 방법을 터득하라. 하나님이 주시는 응답을 깨닫게 해달라고 기도하라. 하나님의 응답을 해석할 수 있고 볼 수 있는 능력이 없으면 아무리 하나님이 기도 응답으로 선물을 주셔도 여전히 응답받지 못 한 사람처럼 살게 된다. 하나님은 내가 원하는 것보다 더 좋은 것을 알고 계신다. 더 좋은 것을 우리에게 주신다. 오늘도 나에게 주시는 '여디디야'의 은혜를 기대해보자.

03

순종은 하나님의
음성을 듣게 한다

기도는 영으로 하는 것이자 마음으로 하는 것이다.
나의 마음을 하나님 뜻에 맞추고 언제든지 그 뜻에
순종하고자 하면 자연스럽게 하나님의 길이 보인다.

야고보서 5장 13~18절을 주해하면서 홀 감독은 기도의 힘에 대해 이렇게 말했다. "기도는 수학이 아니니 기도의 횟수가 기도의 힘이 되지 못하며, 기도는 수사학이 아니니 기도의 웅변이 기도의 힘이 되지도 못한다. 또한 기도는 기하학이 아니니 그 길고 짧음이 기도의 힘이 되지 못한다. 기도는 음악이 아니니 그 음성의 아름다움이 기도의 힘이 되지도 못하고, 기도는 논리학이 아니니 그 논제가 문제 되지 않으며, 기도의 논리 정연함이 기도의 힘이 되지도 못한다. 오직 마음의 열심만이 기도의 가장 큰 힘이며, 가장 유용한 요소이다."

기도는 영으로 하는 것이자 마음으로 하는 것이다. 나의 마음을 하나님의 뜻에 맞추고 언제든지 그 뜻에 순종하고자 하는 자세를 가지면 자연스럽게 하나님의 뜻과 길이 보인다. 또한 들려지는 모든 것에서 하늘의 음성을 들을 수 있다. 하나님이 창조하신 세상의 모든 것은 그 안에 하나님을 알 만한 것이 있다. 중요한 것은 나에게 하나님을 향하는 마음과 하나님 뜻을 이해하려는 자세가 얼마나 있느냐이다. 하나님은 이미 우리에게 모든 것을 계시해 놓으셨다. 그런데도 우리가 하나님의 뜻을 잘 헤아리지 못하는 것은 하나님이 우리에게 아직 보여주시지 않아서가 아니다. 우리 마음이 닫혀 있고 겸손하지 못하기 때문이다.

용서는 받았지만
대가는 남았다

다윗은 그동안 하나님의 은혜로 거침없이 상승가도를 달려왔다. 그러나 사무엘하 11장에서 행한 밧세바와의 간음을 기점으로 하향곡선을 그리면서 다시 인생의 어둠을 맞이하게 된다. 사무엘하 13~18장은 다윗이 저지른 죄의 결과에 관한 이야기다. 다윗의 범죄 이후에 들려온 하나님의 말씀은 "너와 네 집에 재앙을 일으키고 내가 네 눈앞에서 네 아내를 빼앗아 네 이웃들에게 주리니 그 사람들이 네 아내들과 더불어 백주에 동침하리라. 너는 은밀히 행하였으나 나는 온 이스라엘 앞에서 백주에 이 일을 행하리라"(삼하 12:11-12)였다.

다윗은 회개함으로써 회복되었지만 그가 저지른 범죄는 하나님의 영광을 가렸다. 이제 하나님의 영광을 회복해야 했다. 그 방법은 다윗의 집에 재앙을 내리는 일이었다. 죄에 대한 경각심을 불러일으키고, 하나님의 공의로움을 드러내기 위함이었다. 죄에 대한 징계는 백성과 후대에 교훈을 준다. 그렇지 않으면 같은 죄가 반복된다. 사무엘하 13장 이후에 기록된 다윗의 후반부 인생은 다윗이 범한 죄를 스스로 책임지는 모습으로 그려지고 있다. 다윗의 가문에 내려진 일련의 재앙은 궁극적으로 하나님의 영광을 드러내는 일과 관련 있었다. 하나님은 말씀을 이루기 위해 다윗의 가문에 재앙을 내리셨다.

하나님의 징계 이야기는 다윗의 아들 암논이 이복동생인 압살롬의 누이 다말을 범함으로써 시작된다. 결코 일어나서는 안 될 일이 벌어졌다. 그것도 다윗의 가문 안에서 말이다. 가족 간에 강간이 행해졌고 형제간의 살인으로 이어졌다. 여기서 끝나지 않았다. 아들이 아버지를 왕궁에서 쫓아내고, 심지어 공개적으로 아버지의 후궁들을 범하는 일로 걷잡을 수 없이 번졌다. 그러나 이 모든 일은 아들 압살롬의 죽음으로 막을 내린다.

암논이 압살롬의 누이 다말을 강간한 사건은 다윗이 밧세바와 간음한 것보다 더 악했다. 다윗은 암논에게 노를 발하지만 더 이상 아무 일도 하지 않음으로써 압살롬이 암논을 죽이는 결과를 초래했다. 이 일로 압살롬은 왕궁에서 쫓겨나지만 오히려 압살롬이 더 악한 마음을 품는 계기가 되었다. 압살롬은 자기 딸 이름을 암논이 범했던 누이 이름을 따서 다말이라고 지었다. 그 마음에 암논에 대한 증오를 품고 있음을 의미했다.

　사무엘하 15장은 압살롬이 아버지 다윗을 반역하기 위해 음모를 꾸미는 내용을 소개하고 있다. 압살롬은 스스로 왕을 자처하며 다윗에게 반기를 들었다. 다윗은 모든 백성의 마음이 압살롬에게 돌아섰다는 소식을 듣고 일어나 도망했다. "일어나 도망하자. …빨리 가자"(삼하 15:14)라는 다윗의 말은 스스로 피하는 느낌을 준다. 아들이 오기 전에 먼저 왕궁을 비우는 아버지의 모습이다. 다윗은 이 모든 일이 자신이 저지른 죄의 결과로 닥친 하나님의 징계로 알았기에 이해할 수 없는 반역이었지만 순순히 받아들이는 모습을 보인다.

고난 속에 담긴
하나님의 뜻

　　　　　우리가 하나님의 뜻을 알면 그 일을 쉽게 용납하게 된다. 반대로 하나님의 뜻을 모르면 그 일에 대적하게 되고 인간적인 수단을 동원하게 된다. 다윗의 모습은 먼저 하나님의 말씀을 이해하는 것이 얼마나 중요한지를 잘 보여준다. 우리는 살아가면서 도저히 상식적으로 이해할 수 없는 일을 당할 때가 있다. 그로 인해 분노하고 어쩔 줄 몰라 한다. 그러나 당한 일보다 그 속에 담긴 하나님의 뜻을 아는 게 먼저이다. 하나님의 뜻을 깨달으면 어떤 상황도 받아들이게 된다. 욥이 자신에게 이해할 수 없는 고난이 닥쳤을 때 그의 아내처럼 저주하거나 원망하거나 불평하지 않은 이유는 하나님의 뜻을 알았기 때문이다. "내가 모태에서 알몸으로 나왔사온즉 또한 알몸이 그리로 돌아가올지라. 주신 이도 여호와시요 거두신 이도 여호와시오니 여호와의 이름이 찬송을 받으실지니이다"(욥 1:21). "우리가 하나님께 복을 받았은즉 화도 받지 아니하겠느냐"(욥 2:10).

지혜로운 사람은 고난을 불평하기보다 고난을 주신 하나님의 뜻을 생각한다. 그러면 순종하고 받아들이는 마음이 생긴다. 욥처럼 환난 중에도 오히려 찬송하게 된다. 고난을 당할 때 우리에게 기도가 필요한 이유는 무엇일까? 많은 사람이 환난에서 벗어나기 위해 기도가 필요하다고 말한다. 물론 그럴 수도 있다. 그러나 환난을 그대로 받아들이기 위해서도 기도가 필요하다. 고난과 환난이 내가 짊어져야 할 십자가라면 주님처럼 그대로 받아들이는 것이 기도의 응답이다. 이것이 문제 해결을 위한 기도보다 하나님 뜻을 구하는 기도가 중요한 이유이다.

이전에 사울을 피해 도망쳤던 다윗은 이제 아들 압살롬을 피해 도망하는 신세가 되었다. 다윗은 도망에 진저리가 난 사람이다. 왕이 되기 전에 사울을 피해 가보지 않은 데가 없을 정도로 도망 다녔다. 그런데 또다시 도망자의 신세가 되었다. 인간적으로 생각하면 원망스러운 일이다. "하나님, 어째서 저에게 이토록 고난을 주십니까?" 그러나 다윗은 이것이 하나님으로부터 말미암은 것임을 잘 알고 있었다. 시므이의 저주를 받아들이는 모습을 통해 이 사실을 알 수 있다.

도망하는 길에 사울의 친족 중 한 사람인 시므이가 와서 다윗을 저주했다. 하지만 다윗은 그를 저지하지 않았다. 오히려 시므이의 의견에 동감을 표했다. 다윗은 시므이의 저주를 하나님이 그에게 명하신 것으로 이해했다. 그래서 그 저주를 막을 자가 없다고 생각했다. "내 몸에서 난 아들도 내 생명을 해하려 하거든 하물며 이 베냐민 사람이랴. 여호와께서 그에게 명령하신 것이니 그가 저주하게 버려두라. 혹시 여호와께서 나의 원통함을 감찰하시리니 오늘 그 저주 때문에 여호와께서 선으로 내게 갚아주시리라"(삼하 16:11-12).

말과 기도를 하나로

시므이의 저주를 하나님의 뜻으로 받아들이고 하나님의 음성을 듣는 기회로 삼는 다윗의 모습은 우리가 본받아야 할 위대한 점이다. 다윗의 겸손은 자신에게서 나온 것이 아니라 하나님의 뜻을 이해한 데서 비롯한 것이다. 하나님의 음성은 선한 사람의 선포를 통해서만 들려지는 것이 아니다. 악한 사람이 퍼붓는 저주를 통해서도 들려진다. 다윗은 시므이의 저주를 들으면서 자신이 과거에 저질렀던 모든 잘못과 악행을 보았다. 시므이를 통해 자기 안에 숨어 있는 죄악된 모습이 한 편의 영화처럼 생생하게 재생되었기 때문이다. 분명 다윗은 시므이의 저주에 대해 아비새처럼 복수심을 불태우고 자기방어적인 태도를 취할 수도 있었다. 하지만 그렇게 하지 않았다. 반면 아비새는 당장 죽이자고 말했다. "이 죽은 개가 어찌 내 주 왕을 저주하리이까 청하건대 내가 건너가서 그의 머리를 베게 하소서"(삼하 16:9). 다윗은 시므이의 저주를 오히려 자신의 죄악을 보는 기회로 삼았다. 왕으로서가 아니라 죄인으로서 시므이의 저주를 들었다.

이 같은 다윗의 자세는 곧 기도의 모습이다. 다윗의 말은 아비새와 신하들에게 한 것이라기보다는 하나님에게 드린 기도에 가까웠다. 삶과 기도가 어우러진 모습이었다. 골방에서 하는 기도만 기도가 아니다. 삶의 현장에서 나에게 저주를 퍼붓는 모습을 보고 마음속에 분노가 일어나는 상황에서 내가 말하는 것도 기도이다. 말과 기도는 하나이다. 분리되어서는 안 된다. 골방에서 기도로 잘 다듬어진 사람은 삶 속에서 사람들에게 하는 말 속에서도 기도가 나타난다. 내가 말하는 바가 곧 기도이다. 하나님은 골방에서 하는 기도 소리만 들으시지 않는다. 사람들과 뒤엉켜 마구 토해내는 말도 들으신다. 이런 의미에서 우리의 기도는 삶의 기도로 한 걸음 더 나아가야한다. 말과 기도가 일치된다면 얼마나 좋을까? 이것이 하나님께서 원하시는 진정한 기도이다.

사람은 대부분 다윗보다 아비새에 더 가깝게 행동한다. 우리는 그동안 시므이와 같은 사람을 대할 때 같이 저주하며 같이 악을 퍼붓고 더 악한 말을 내뱉으며 분을 참지 못한 경우가 많았다. 누군가가 나를 향해 퍼붓는 저주를 어찌 하나님의 음성으로 받아들일 수 있겠는가? 결코 쉬운 일이 아니다. 하나님의 음성은 기도 중에 마음속에 들려지기도 한다. 말씀을 읽는 중에 성령의 깨닫게 하심으로 다가오기도 한다. 하지만 원수를 통해서도 들려진다는 사실을 기억할 필요가 있다.

우리는 하나님의 응답이 원수를 통해서도 들려질 수 있음을 잘 인정하지 않는다. 그러나 하나님은 종종 이방인을 들어 자기 백성을 치셨다. 바벨론을 사용하여 이스라엘을 심판하셨다. 만약 바벨론을 악으로만 생각한다면 우리는 바벨론을 통해 하나님의 음성을 들을 수 없다. 하나님이 바벨론을 사용하실 때는 바벨론의 침략이 하나님의 응답이다. 이 사실을 알았던 예레미야 선지자는 바벨론에게 항복하는 일이 곧 하나님 뜻이라고 선포했다. 하지만 이스라엘 백성은 완강히 거부한 채 오히려 예레미야를 매국노로 취급했다.

기도의 응답을 듣기 위해서는 눈과 귀를 하나님이 만드신 모든 것을 향해 열어 놓는 자세가 필요하다. 즉 하나님을 향해 마음을 열어 놓는 일이다. 하나님은 그분이 만드신 모든 것을 사용하여 우리에게 말씀하신다. 우리가 기도 응답의 통로를 제한해버리면 하나님의 음성은 더 이상 들리지 않는다. 하나님의 음성이 하늘에서만 들린다고 생각하지 말라. 하나님은 때로는 하늘 아래 이름 없는 어린 소자를 통해서도 때로는 폭풍과 비바람을 통해서도 때로는 홍수와 지진을 통해서도 말씀하신다.

04

어리석음을 반전시키는 기도를 하라

어떤 경우에도 사람의 명철과 머리를 의지하지 말라.
이것으로 일을 도모하는 것은 어리석은 짓이다.
이런 사람으로 인해 두려워하거나 기죽지 말라.
하나님을 지혜로 삼는 것이 가장 현명한 믿음이다.

세상에는 두 종류의 사람이 존재한다. 하나는 지혜로운 사람이요, 하나는 어리석은 사람이다. 어떻게 구분할 수 있을까? 매우 간단하다. 지혜로운 사람은 하나님을 의지하여 하나님에게서 지혜를 찾는다. 반면 어리석은 사람은 자기나 다른 사람에게서 지혜를 찾는다. 태어날 때부터 지혜로운 사람과 어리석은 사람으로 구분되는 것이 아니다. 살면서 누구나 지혜로워질 수 있고, 누구나 어리석어질 수 있다. 사실 인간은 모두 어리석게 태어난다. 그러다가 하나님을 믿고, 하나님의 지혜를 받으면 지혜롭게 된다. 반대로 하나님을 떠나면 자연스럽게 어리석음이 그 사람의 마음을 사로잡게 된다.

도망은 곧 참회의 길이다

다윗은 압살롬을 피해 왕궁을 버리고 스스로 도망쳤다. 왕이 나갈 때 모든 백성이 다 따라나섰다(삼하 15:17). 모든 신하와 블레셋 가드에서 온 6백 명의 사람이 같이 떠났다. 기드론 시내를 건널 때는 온 땅 사람들이 큰 소리로 울었다. 모든 백성이 다윗과 같이 광야 길로 향했다(삼하 15:23). 이 모든 것은 다윗이 백성에게 사랑받았음을 보여준다. 비록 도망하는 왕이지만 백성은 다윗을 이해했다. 그들은 다윗이 왜 압살롬을 피해 광야로 도망가야 하는지 알았을 것이다. 성경은 이때의 광경을 이렇게 묘사하고 있다. "다윗이 감람산 길로 올라갈 때에 그의 머리를 그가 가리고 맨발로 울며 가고 그와 함께 가는 모든 백성들도 각각 자기의 머리를 가리고 울며 올라가니라"(삼하 15:30).

다윗의 도망길은 참회의 길이었다. 그 길에는 여러 가지 의미가 담겨 있었다. 무엇보다 압살롬을 원망하기보다 자신을 책망하면서 모든 일이 아버지인 자신의 잘못으로 인한 것임을 사죄하는 의미가 담겨 있었다. 이 같은 다윗의 모습에 백성이 같이 울며 함께하는 모습은 아름답다. 슬퍼할 때 같이 슬퍼하고, 기뻐할 때 같이 기뻐하는 것이 진정한 형제애다. 이것은 다윗의 통치가 백성에게 인정받았음을 의미한다. 백성의 모습을 통해 비록 다윗이 개인적인 죄를 저질러 이런 화를 당하지만 이것이 왕권에 치명적인 것이 아님을 알 수 있다.

이런 통치자를 만나는 것은 백성의 행복이다. 또한 이런 백성을 만나는 것은 통치자의 축복이다. 자기 죄를 회개하는 사람에게는 사람들이 따른다. 오히려 더 열심히 섬긴다. 어차피 모든 사람은 죄인이기에 누가 누구를 탓할 수 없다. 중요한 것은 그 안에 회개하는 마음이 있느냐는 것이다. 하나님에게 모든 것을 내려놓고 왕궁을 떠난 다윗에게 왕의 자리는 더 이상 욕심의 자리가 아니었다. 어쩌면 영영 돌아올 수 없는 망명길이 될 수도 있었다. 다윗은 이 사실을 알았던 것 같다.

사실 압살롬은 아버지를 배반할 준비를 하면서 4년을 보냈다. 이처럼 치밀한 준비 끝에 왕권을 찬탈한 압살롬이 쉽게 물러설 리 없었다. 그런데 압살롬이 미처 생각하지 못한 중요한 사실이 있었다. 바로 이스라엘 왕은 하나님의 기름 부음을 받아야 한다는 사실이었다. 그렇지 않으면 그 재위 기간이 길지 못하고, 결국에는 하나님이 물러나게 하실 것이었다. 압살롬은 먼저 하나님께 묻고 자기가 하나님이 선택하신 이스라엘 왕인지 알아봐야 했다. 이것을 해결하지 않은 압살롬의 미래는 결코 오래갈 리 없었다.

머리를 가리고 울면서 맨발로 광야 길로 향하는 다윗은 모든 것을 내려놓은 모습이다. 자신의 인생을 하나님의 뜻에 맡긴 모습이었다. 다윗은 사독에게 하나님의 궤를 다시 성으로 메어 가라고 지시하면서 이렇게 말했다. "만일 내가 여호와 앞에서 은혜를 입으면 도로 나를 인도하사 내게 그 궤와 그 계신 데를 보이시리라. 그러나 그가 이와 같이 말씀하시기를 내가 너를 기뻐하지 아니한다 하시면 종이

여기 있사오니 선히 여기시는 대로 내게 행하시옵소서 하리라"(삼하 15:25-26).

다윗은 앞으로의 삶이 하나님에게 달려 있음을 확신하고 모든 것을 맡겼다. 우리도 항상 이 같은 마음으로 기도해야 한다. 나의 목적과 욕심을 가지고 기도하면 하나님 뜻을 찾을 수 없다. 이미 정해진 나의 뜻이 있으면 그 순간 기도는 능력을 상실하고 만다. 이런 사람에게는 하나님의 뜻이 더 이상 보이지 않는다. 기도는 나의 뜻을 포기하는 데서 출발해야 한다. "만약 제가 하나님 앞에서 은혜를 입으면… 선히 여기시는 대로 행하소서." 이런 마음으로 기도할 때 평안이 찾아온다.

광야 길은 아무도 예측할 수 없는 불확실한 삶이다. 다윗은 이미 오래전에 이 사실을 터득했다. 광야는 하나님이 인도하시는 삶이다. 인간이 어떻게 계획하고 손 쓸 수 없는 삶이다. 인간의 삶은 광야와 같다. 언제 어디서 어떻게 문제가 발생할지 아무도 모른다. 내일 일을 알 수 없는 것이 인생이다. 하나님이 은혜를 주시면 가능하지만 그렇지 않으면 다윗은 이대로 영영 왕궁으로 돌아가지 못할 수도 있다. 모든 것이 전적으로 하나님의 뜻에 달렸다. 이런 의미에서 광야는 우리로 하여금 진실한 기도를 하게 한다. 광야로 가면 누구나 기도하게 된다. 기도하지 않고는 살 수 없는 곳이 광야이다. 그러므로 하나님이 광야로 인도하시는 것은 저주가 아닌 축복이다. 광야는 사람을 의지해야 하는 곳이 아니라 하나님만 의지해야 살 수 있는 은혜의 장소이다.

광야에서 주신 축복

나도 오랫동안 광야와 같은 삶을 보냈다. 물론 지금도 그 여정 중에 있지만. 하나님의 도우심이 아니었다면 결코 여기까지 오지 못했을 것이다. 순간순간이 기적이었고, 늘 기적을 바랄 수밖에 없는 삶이었다. 이스라엘 백성이 광야에서 하늘의 만나만 바라보았듯이 하나님만 바라보는 삶을 지냈다. 앞으로도 그렇게 살아야 하리라. 분명 이것이 진정한 종의 길임을 안다. 그런데도 순간순간 나의 마음을 흔들어 놓는 것은 공무원같이 월급이 꼬박꼬박 나오는 안정된 삶이다. 다윗에게 있어 광야의 의미를 이제야 조금은 알 것 같다. 목회자로 사는 것이 광야의 길임을 일찌감치 알았으면서도 실상은 안정된 편안한 길을 추구하는 것은 어쩔 수 없는 인간의 연약함이리라. 이제야 비로소 광야 길이 나의 뜻과는 전혀 다른 길임을 조금씩 알아가고 있다.

광야에서는 나의 뜻과 다른 길이 펼쳐진다. 하고 싶지 않아도 해야 하고, 가고 싶지 않아도 가야 하는 길이 광야 길이다. 광야 길을 가면서 할 수 있는 기도는 오직 한 가지밖에 없다. "제가 무엇을 할 수 있습니까? 그러나 하나님이 허락하시면 가능합니다. 그저 하나님의 선한 뜻대로 저를 이끄소서."

광야에서 지내는 시간은 힘들고 고통스럽다. 하루하루 보내는 것이 녹록지 않다. 광야에서 지내본 사람만이 불안과 고통과 잠 못 이루는 밤을 안다. 광야에서는 나의 뜻대로 할 수 있는 것이 하나도 없다. 그저 살아 있는 것이 은혜이다. 미래가 없다. 오늘 하루로 만족하고 오늘 하루로 감사하다. 내일은 하나님이 허락하시는 때에만 존재한다. 그러므로 하나님이 없는 광야는 절망이다. 그러나 마음에 하나님을 품고 있으면 광야는 희망이다. 광야는 하나님의 희망을 쌓는 곳이다. 지나고 보면 광야는 놀라운 축복이다. 광야의 삶에서 얻는 것은 돈으로 살 수 없다. 내가 만들 수 있는 것도 아니다. 오직 은혜로 주시는 하나님의 선물이다. 이런 광야를 통과해서 지금까지 살아온 것 자체가 곧 하나님의 은혜가 아니겠는가!

다윗이 광야 길을 가는 중에 어떤 사람이 충격적인 소식을 전했다. 압살롬과 함께 모반을 한 사람 가운데 아히도벨이 있다는 것이다. 아히도벨은 밧세바의 조부로 그동안 다윗의 모든 일을 도운 최측근 모사였다(삼하 15:12). 다윗의 모든 것을 알고 있는 아히도벨이 압살롬의 반역에서 실질적인 역할을 수행했다는 것은 그야말로 참담한 소식이었다. 아히도벨은 다윗 정부에서 가장 큰 비중을 차지하고 있던 사람이었다. 아히도벨의 지혜는 백성들 사이에서도 정평이 나 있었다. 아히도벨의 계략은 하나님에게 물어서 받은 말씀과 같은 것으로 여겨질 정도로 대단한 것이었다(삼하 16:23).

이런 아히도벨이 압살롬과 함께하게 되었다는 사실은 압살롬이 다윗의 모든 정황을 다 알게 되었다는 것과 같은 의미였다. 무엇보다 백성에게 아히도벨의 선택이 곧 하나님의 선택이라는 착각을 일으킬 만한 중대한 일이었다. 참으로 엄청난 여파가 예상되는 일이었다. 다윗의 마음속에서 배신감과 분노가 끓어오를 만한 일이었다.

이처럼 배신과 음모가 뒤엉켜 있는 것이 정치다. 역사는 이 사실을 뒷받침한다. 열 길 물속은 알아도 한 길 사람 속은 알 수가 없다. 어제의 친구가 오늘은 적이 될지 모르는 것이 정치의 속성 아니던가!

인간이라면 누구나 이 상황에서 치욕과 분노를 느낄 수 있다. 그러나 아히도벨의 반역 소식을 들은 다윗은 분노하는 대신 오히려 기도했다. "여호와여 원하옵건대 아히도벨의 모략을 어리석게 하옵소서"(삼하 15:31). 아주 짧은 한마디의 기도였다. 그러나 이 짧은 기도는 이번에도 어김없이 위력을 발휘하여 후에 그대로 응답된다. 비록 짧은 기도였지만 그 속에 담긴 의미는 많았다. 시편 55편에 기록된 다윗의 기도는 이 짧은 기도의 의미를 충분히 짐작하게 한다. 이 시편은 아히도벨의 배신에 대한 다윗의 심정을 표현한 기도로 알려져 있다.

하나님이여 내 기도에 귀를 기울이시고
내가 간구할 때에 숨지 마소서.
내게 굽히사 응답하소서.
내가 근심으로 편하지 못하여 탄식하오니
이는 원수의 소리와 악인의 압제 때문이라.
그들이 죄악을 내게 더하며 노하여 나를 핍박하나이다.
내 마음이 내 속에서 심히 아파하며
사망의 위험이 내게 이르렀도다.
두려움과 떨림이 내게 이르고 공포가 나를 덮었도다.

나는 말하기를 만일 내게 비둘기같이 날개가 있다면

날아가서 편히 쉬리로다.

내가 멀리 날아가서 광야에 머무르리로다(셀라).

내가 나의 피난처로 속히 가서 폭풍과 광풍을 피하리라 하였도다.

내가 성내에서 강포와 분쟁을 보았사오니

주여 그들을 멸하소서.

그들의 혀를 잘라버리소서.

그들이 주야로 성벽 위에 두루 다니니

성 중에는 죄악과 재난이 있으며

악독이 그중에 있고 압박과 속임수가

그 거리를 떠나지 아니하도다.

나를 책망하는 자는 원수가 아니라

원수일진대 내가 참았으리라.

나를 대하여 자기를 높이는 자는

나를 미워하는 자가 아니라 미워하는 자일진대

내가 그를 피하여 숨었으리라.

그는 곧 너로다.

나의 동료, 나의 친구요 나의 가까운 친우로다.

우리가 같이 재미있게 의논하며 무리와 함께하여

하나님의 집 안에서 다녔도다.

사망이 갑자기 그들에게 임하여

산 채로 스올에 내려갈지어다.

이는 악독이 그들의 거처에 있고 그들 가운데에 있음이로다.

나는 하나님께 부르짖으리니

여호와께서 나를 구원하시리로다.

저녁과 아침과 정오에 내가 근심하여 탄식하리니

여호와께서 내 소리를 들으시리로다.

나를 대적하는 자 많더니 나를 치는 전쟁에서

그가 내 생명을 구원하사 평안하게 하셨도다.

옛부터 계시는 하나님이 들으시고 그들을 낮추시리이다(셀라).

그들은 변하지 아니하며 하나님을 경외하지 아니함이니이다.

그는 손을 들어 자기와 화목한 자를 치고

그의 언약을 배반하였도다.

그의 입은 우유 기름보다 미끄러우나 그의 마음은 전쟁이요

그의 말은 기름보다 유하나 실상은 뽑힌 칼이로다.

네 짐을 여호와께 맡기라.

그가 너를 붙드시고 의인의 요동함을

영원히 허락하지 아니하시리로다.

하나님이여 주께서 그들로 파멸의 웅덩이에 빠지게 하시리이다.

피를 흘리게 하며 속이는 자들은

그들의 날의 반도 살지 못할 것이나

나는 주를 의지하리이다(시 55편).

끝까지 가봐야 알 수 있다

다윗은 아히도벨의 반역으로 인해 혼돈 상태에 빠지기보다 오히려 하나님에게 모든 것을 맡긴 채 기도했다. 아히도벨의 반역은 다윗으로 하여금 기도의 자리로 돌아가게 했다. 인간의 힘으로 아히도벨의 계략을 어떻게 이길 수 있겠는가? 그러나 방법은 있다. 하나님이 그 사람을 어리석게 하시면 된다. 하나님이 하시면 가능하다. 얼마나 중요한 사실인가? 사람의 지혜는 사람에게서 나오는 것이 아니다. 하나님에게서 나오는 것이다. 지혜의 근본은 하나님이다. 하나님이 지혜를 주시지 않으면 어리석은 자가 된다.

아히도벨은 지혜의 근본이 하나님이라는 사실을 망각했다. 아히도벨은 자기의 뛰어난 지혜로 성공한 사람이었다. 아히도벨은 처음부터 기회주의자였다. 아히도벨은 뛰어난 판단력으로 늘 자신에게 유리한 기회를 살피고 있었다. 그러다가 다윗의 범죄로 별이 흐려지는 것을 느낀 순간, 그다음 후보를 물색해 자신의 입지를 굳히려고 했다. 기회를 잘 포착해 새로운 배를 갈아탔지만 그 배는 얼마 가지 못해 파선할 배였다. 배를 잘못 탄 것이다. 설령 처음 배를 아무리 잘 탔다 해도 인생의 마지막 배를 잘못 타면 불행해진다. 끝까지 승리해야 한다. 모든 것은 끝까지 가봐야 안다. 그전에는 누가 승리자인지 아무도 모른다. 하나님을 끝까지 의지하는 자가 진정한 승리자이다.

우리에게도 아히도벨과 같은 모습이 많다. 얼핏 보면 세상에서는 아히도벨 같은 사람이 성공하는 듯하다. 그래서 이런 사람 주위에는 늘 사람이 북적거린다. 그러나 그 결과는 파멸이다. 우리 안에 있는 아히도벨의 모략을 빨리 그쳐야 한다. 인간의 지혜로 성공을 꿈꾸거나 인간의 지혜가 뛰어난 사람과 친구하는 것을 즐겨서는 안 된다. 늘 자신만을 생각하는 경향이 있다면 이것이 바로 아히도벨의 모략이다. 이것을 조심하라. 아히도벨의 삶은 결국 자살로 끝났다는 사실을 기억해야 한다.

누구도 하나님을 저버리고 지혜를 얻을 수 없다. 그런데도 사람들은 하나님 없이 지혜를 구하려고 한다. 이것은 어리석은 일이다. 다윗은 고난 중에서도 기도했다. 하나님에게 모든 문제를 맡겼다. 다윗에게 아히도벨보다 더 뛰어난 지혜가 임한 것이다. 사무엘하 16~17장에는 다윗의 기도대로 아히도벨의 계략이 어리석게 되면서 아히도벨이 결국 스스로 죽음을 택하는 이야기가 나온다. 하나님은 다윗의 기도를 들으시고 아히도벨보다 더 탁월한 후새라는 모사를 다윗에게 보내주셨다. 후새와 아히도벨의 지략 싸움은 결국 후새의 승리로 끝이 났다. 아히도벨은 스스로 목매어 죽음으로써 비참한 최후를 맞았다. 이 사건은 압살롬이 패하는 데 결정적인 작용을 한다. 압살롬은 가장 지혜롭다고 생각한 아히도벨을 영입해 반역을 모의했지만 오히려 아히도벨의 어리석음으로 인해 패하게 되었다. 하나님 없는 지혜는 가장 어리석은 것이다.

어떤 경우에도 사람의 명철과 머리를 의지해서는 안 된다. 이것으로 일을 도모하는 것은 어리석은 짓이다. 이런 사람으로 인해 두려워하거나 기죽지 말라. 하나님을 지혜로 삼는 것이 가장 현명한 믿음이다. 위기에 처할수록, 모략이 부족할수록 하나님의 지혜를 구하라. 하나님이 모든 것을 이루시도록 내맡기라. 그러면 지혜로운 사람을 보내주신다. 사람의 지혜를 어리석게 하실 것이다. 앞이 캄캄하고 대책이 없을수록 하나님에게 나아가라. 그리고 하나님이 모든 것을 하실 수 있도록 기도하라. "주님, 모든 음모와 계략을 어리석게 하소서." 이 한마디 기도로 모든 것을 반전시킬 수 있음을 믿으라. "내가 지혜 있는 자들의 지혜를 멸하고 총명한 자들의 총명을 폐하리라"(고전 1:19).

05

제사보다 상한 심령으로
기도하라

하나님은 번제보다는 자비와 사랑을 원하신다.
하나님이 원하시는 것은 제사가 아니라 상한 심령이다.

인간은 무자비하다. 아무리 순한 사람이라도 분노에 휩싸이면 극도로 무자비한 사람이 될 수 있다. 가끔 매스컴을 통해 우리 사회에 충격을 준 흉악범이 잡히는 모습을 접할 때가 있다. 그런데 우리의 예상과는 달리 지극히 평범한 이웃집 청년이나 아저씨 모습인 경우가 많다. 도저히 그런 일을 저질렀을 것 같지 않은 모습에 당황스럽다. 나는 십여 년째 구치소에서 재소자들을 만나 말씀을 가르치는 일을 하고 있다. 종종 사형수나 흉악범도 만날 때가 있다. 막상 가까운 곳에서 그들을 만나면 착하고 순해 보인다. 어떻게 이런 이들이 그토록 끔찍한 일을 저지를 수 있었을까? 인간에게는 숨겨진 죄성이 있기 때문이다. 나의 안에 있는 죄성이 나를 사로잡으면 우리는 모두 한순간에 무자비한 사람이 될 수 있다.

사람은 본래 이 같은 존재이다. 인간에게는 자비란 없다. 그런데 하나님의 은혜가 임하면 나도 자비로운 사람이 될 수 있다. 자비는 오직 하나님에게만 있는 품성이다. 자비야말로 최고의 사랑이다. 이 품성을 얻는다면 우리는 대단한 힘을 소유하게 된다.

해결을 구하기 전에
원인을 찾는 기도

사무엘하 21장은 다윗 시대에 3년 동안 기근이 계속된 이해할 수 없는 일을 소개하고 있다. 다윗은 이 문제의 원인을 찾기 위해 하나님께 기도했다. 그러자 하나님은 사울왕이 기브온 사람을 죽였기 때문이라고 말씀하셨다. 이스라엘이 가나안 땅을 정복할 당시 여호수아는 기브온 사람들이 이스라엘로부터 보호받을 수 있도록 여호와의 이름으로 조약을 맺었다(수 9:15,26-27). 그런데 사울이 조약을 어기고 기브온 족속의 학살을 명했다. 이것은 하나님의 이름으로 한 맹세를 파기한 것이기에 결과적으로 하나님의 이름을 모욕하는 처사였다. 그로 인해 하나님께서 기근을 내리신 것이다.

다윗이 어려운 문제를 해결하기 위해 기도한 것은 칭찬할 만하다. 다윗의 기도의 삶을 그대로 보여준다. 이처럼 우리에게 닥치는 이해할 수 없는 일을 해결하기 위해서는 하나님 앞에 서는 일이 우선이다. 사람에게 묻기보다 하나님께 먼저 물어야 한다. 다윗처럼 이것에 익숙할 수 없을까? 문제가 생길 때마다 하나님께 엎드리는 모습은 참으로 아름답다. 하나님께 물으면 언제나 답해주신다. 나의 문제이든 가족과 관련된 문제이든 다른 사람의 문제이든 간에 인간이 해결하기란 어렵다. 하나님 말씀에 비추어 자기를 돌아보는 지혜가 필요하다. 하나님의 뜻을 어긴 일은 없는지 살펴보아야 한다. 자, 먼저 원인을 찾아야 문제를 해결할 수 있다. 무조건 문제만 해결해 달라고 기도하기 전에 무엇이 잘못되었는지 그 원인부터 묻는 자세가 필요하다.

그런데 안타깝게도 원인은 기도로 알아냈으면서 방법은 기브온 사람들에게 묻는 모순적인 일이 발생했다. 다윗은 그 시작은 하나님과 했지만 끝은 사람과 했다. 기브온 사람은 대학살의 책임자인 사울의 일곱 아들을 자기들의 전통적인 의식에 따라 희생제물로 죽일 수 있게 해달라고 했다. 다윗은 그들의 요구에 응했다. 다시 하나님에게 물어 하나님의 방법대로 처리했어야 마땅했다. 이방인의 요구대로 처리한 것은 방법 면에서 합당하지 않았다. 그들과 구별되는 방법을 찾았어야 했다. 인간을 희생제물로 드리는 일은 하나님의 방법이 아니었다. 시체를 짐승의 밥이 되도록 매달아두는 일 역시 결코 하나님의 방법이 아니었다.

우리는 원인을 찾기 위해서도 기도해야 하지만 해결 방법을 찾기 위해서도 기도해야 한다. 원인과 해결, 모두 하나님 뜻에 맞을 때 하나님이 기뻐하신다. 우리 역시 기도로 시작했다가 하나님의 해결책이 아니라 인간적인 해결책으로 끝내는 예가 많다. 목적과 방법은 그 중심이 같아야 한다. 어리석은 사람일수록 성령으로 시작하여 육체로 끝마친다. 하나님의 일은 동일해야 한다. 우리는 이 사실을 잊을 때가 얼마나 많은가? 인간적인 해결책에는 하나님이 없다.

희생된 사울의 일곱 아들 중에는 리스바가 낳은 두 아들이 포함되어 있었다. 리스바는 사울의 첩(삼하 3:7)으로 사울이 죽자 사울의 군사령관이었던 아브넬이 자기 첩으로 삼은 여인이다. 이런 무명의 리스바가 다시 등장하는 것은 무슨 이유가 있을 법하다. 사실 리스바는 다윗이 하는 일에 관해 반대할 수 있는 처지가 아니었다. 하지만 그 억울함과 비통함은 이루 말할 수 없었을 것이다. 어머니로서 두 아들의 무고한 죽음을 바라봐야 하는 심정을 이해할 만하다.

리스바는 바위 위에 굵은 베를 펴고 앉아 낮에는 공중의 새가, 밤에는 들짐승이 두 아들의 시체를 범하지 못하도록 지켰다. 참으로 가슴 찡한 모성애의 모습이다. 힘없는 여자로서 할 수 있는 유일한 일이었다. 억울하게 죽은 것도 가슴 아픈데 짐승의 밥이 되게 할 수는 없었다. 이 소식을 접한 다윗은 리스바의 행동에 감동하여 길보아산에서 죽은 사울과 요나단의 뼈를 가지고 오면서, 목매달려 죽은 그녀의 두 아들의 뼈도 함께 가져다가 사울의 아버지인 기스의 묘에 같이 장사 지내게 했다. 그 후에야 비로소 하나님이 그 땅의 기도를 들으셨다(삼하 21:14). 다윗의 자비로운 행동에 하나님이 감동하신 것이다.

제사보다 상한 심령이다

우리는 이 사건을 통해 하나님이 원하시는 것은 희생물이 아니라 자비임을 알 수 있다. 하나님은 번제보다는 자비와 사랑을 원하신다. 하나님이 원하시는 것은 제사가 아니라 상한 심령이다(시 51:17). '그 후에야'라는 단어는 우리에게 하나님 뜻을 보여준다. 어떤 문제를 처리할 때 하나님의 자비를 가지고 나아가는 것이 중요하다. 하나님의 자비가 근거가 되고 그 자비에 따라 해결이 이루어진다면 그 결과는 틀림없다. 그런데도 우리는 법이라는 명목 아래 얼마나 많은 무자비함을 보이는가? 해결 방법에도 하나님의 사랑과 자비가 드러나야 한다. 어떤 문제를 해결하는 것보다 더 중요한 일은 하나님의 자비를 선포하는 것이다.

이 땅에서 하나님의 공의와 자비가 함께 이루어지는 길을 찾는다면 분명 좋은 해결책이 생각날 것이다. 이것이 우리가 기도할 때 늘 염두에 두어야 할 원리이다. 어쩌면 우리의 기도가 잘 응답되지 않는 이유는 바로 자비가 사라졌기 때문이 아닐까? 여전히 증오를 품고 있고, 아직도 용서 못 하는 무자비한 마음이 있다면 즉시 해결해야 한다. 이것이 하나님의 응답을 이끌어내는 최고의 길이다.

06

위대한 기도의 사람을 만든
다윗의 기도

인생의 마지막에 나의 마음속에 남는 한 분이 오직 하나님이라면
나는 제대로 산 것이다. 사람들이 나의 인생을 보면서 나를 통해
하나님과 예수 그리스도의 이름을 이전보다 더 선명하게 느끼게
되었다면 나는 다윗처럼 위대한 삶을 산 것이다.

다윗의 생애는 그 자체가 기도였다. 다윗을 위대하게 만든 것은 단연코 기도였다. 다윗이 기도할 수밖에 없게 한 것은 고난과 광야였다. 시편은 대부분 다윗의 기도를 모아 엮은 것이다. 주로 광야와 어려움 속에서 고백된 것들이다. 시편을 보면 다윗이 얼마나 위대한 기도의 사람이었는지 잘 알 수 있다. 사무엘하 22장에는 시편 18편의 전문이 수록되어 있다. 사무엘서의 기자는 왜 많은 시편 중에서도 18편을 마지막 결론으로 삼았을까? 아마 다윗의 인생을 압축해 보여주기에 18편만 한 시가 없다고 여겼기 때문일 것이다.

시편 18편은 찬양이면서 기도이다. 다윗은 그동안 자신이 어떻게 하나님의 은혜 속에서 살았는지를 회고하면서 정리하고 있다. 다윗은 기도와 삶이 결코 분리되지 않았다. 늘 하나님에게 묻고 또 물었

다. 작은 것 하나까지도 하나님에게 물으면서 일을 진행했다. 그 결과 다윗은 하나님의 손아래에서 살아온 인생이었음을 고백하며 찬양할 수 있었다. 이 기도 서두에는 "사울의 손에서 구원하신 그날에 다윗이 이 노래의 말씀으로 하나님께 기도했다"라고 소개되어 있다.

사실 우리 인생은 하나님이 구원하신 삶이다. 그리스도인은 매일매일 구원을 경험하는 삶을 살아야 한다. 우리는 흔히 내가 기도했기에 하나님이 나를 구원하셨다고 생각한다. 하지만 사실 먼저 구원받고 그것에 감사함으로 기도하는 것이다. 다윗의 기도는 우리의 구원이 하나님께서 앞서 구원하신 것에 근거하고 있음을 보여준다. 만약 우리가 인생의 마지막 자락에서 나의 인생을 한마디로 표현할 구원의 기도 시를 짓는다면 어떤 내용일까? 인생의 마지막을 준비하는 다윗의 기도문을 살펴보면서 나의 인생을 돌아보자.

하나님의 성품에
대한 기도

첫째, 나의 하나님은 어떤 하나님인가?

"이르되 여호와는 나의 반석이시요 나의 요새시요 나를 위하여 나를 건지시는 자시요 내가 피할 나의 반석의 하나님이시요 나의 방패시요 나의 구원의 뿔이시요 나의 높은 망대시요 그에게 피할 나의 피난처시요 나의 구원자시라. 나를 폭력에서 구원하셨도다"

(삼하 22:2-3).

다윗은 하나님을 어떻게 이해했을까? 다윗이 '어떻게 하면 하나님의 속성을 잘 나타낼 수 있을까?'라고 고민하던 중 찾아낸 것이 바로 반석과 요새와 바위와 방패였다. 광야에서 쫓겨 다니면서 주로 보았던 것이다. 즉 본문에는 다윗이 광야의 도피생활 가운데 자신을 보호해주었던 것 속에서 하나님을 보았다는 놀라운 고백이 담겨 있다. 반석이나 요새나 바위나 방패가 자신을 숨겨주고 도와준 것이 아니라 바로 하나님이 숨겨주고 도와주셨다는 깊은 깨달음이 담겨 있다. 지금 우리에게도 날마다 힘을 주고 우리를 지켜주는 대상이 있다. 돈, 집, 부모님, 친구, 건강 등이다. 그러나 이 모든 것도 결국 하나님이 허락하시는 범위 내에서 우리에게 도움이 된다. 그 속에 숨겨진 하나님의 역사를 본다면 이 모든 것을 통해 하나님을 더욱 높이 찬양할 수 있을 것이다.

다윗의 기도에서 특이한 것은 하나님을 은유적으로 표현했다는 점이다. 은유적으로 하나님의 이름을 부르고 하나님의 성품을 말하고 있다. 사실 이 세상에는 하나님을 완벽하게 표현할 수 있는 단어가 존재하지 않는다. 한 단어로 하나님을 말할 수 없다. 그래서 다윗은 다양한 은유적인 표현으로 하나님을 부른 것이다. 제한된 단어 이상의 의미이신 하나님을 충분히 이해했기 때문이다. 하나님은 나의 단어 속으로 들어오실 수 있는 분이 아니다. 내가 부른다고 해서 그것이 곧 하나님이 되는 것도 아니다. 하나님은 우리가 생각하고 말하는 그 이상의 분이다. 측량할 수 없는 분이다.

다윗이 "하나님은 나의 피난처이시다"라는 신앙고백을 다양한 은유를 가지고 표현한 것은 탁월한 영성에 기인한다. 이 기도의 아름다움은 은유적인 시적 묘사에 있다기보다는 하나님을 더 알아가려는 다윗의 믿음에 있다. 우리는 하나님에 대한 고백이 너무나도 부족하다. 오직 하나의 이름과 표현으로밖에 하나님을 부르지 못하는 것은 아직도 하나님의 영 안에 깊이 들어가지 못했다는 방증이다.

우리는 하나님을 얼마나 쉽게 단정적으로 말하는가? 하나님을 교리적인 단어 하나에 다 넣으려고 한다. '하나님'과 '하느님'을 가지고 갑론을박하는 것이 좋은 예다. 개신교에서는 '하나님'이라는 단어를 사용하고, 가톨릭에서는 '하느님'이라는 단어를 사용한다. 사실 둘 다 맞다. 둘 다 의미가 있다. 아니 그 이상의 의미를 지니고 있다. 마태복음의 기자는 하나님의 이름을 직접 부르기를 꺼렸기에 '하늘나라'라고 기록했다. 반면 마가복음의 기자는 '하늘'이라는 표현을 사용하면 오히려 자연적인 우상 신의 개념으로 이해할 수 있다고 생각했기에 '하나님 나라'라고 기록했다. 둘 다 같은 말이다.

하나님이냐, 하느님이냐 하는 것도 이와 같다. 개신교 교인들은 하느님이라는 말에 거부감을 가지고 있지만, 하나님을 더 크게 이해한다면 이 표현을 수용하기란 그리 어렵지 않다. 때에 따라서는 "하늘에 계신 우리 아버지여!"라고 기도할 수 있다. "하늘에 계신 하나님"이라는 표현이 무조건 나쁘다고 치부할 수 있을까? 만약 이런 단어 하나를 가지고 다투다가 결국에는 교단까지 분열하는 사태가 벌어진다면 얼마나 안타까운 일인가! 하나님을 언어적인 것으로 다 표현할 수 없는 한계를 인정한다면 다윗처럼 하나님에 대해 다양한 은유를 사용하면서 기도할 수 있을 것이다. 삶 속에서 체험되고 깨달은 하나님을 은유적인 표현으로 마음껏 표현하며 기도한다면 하나님을 더욱 깊이 알아가는 계기가 될 것이다.

나의 구원 체험에
대한 기도

둘째, 나는 구원의 하나님을 체험했는가?

"내가 찬송받으실 여호와께 아뢰리니 내 원수들에게서 구원을 받으리로다. 사망의 물결이 나를 에우고 불의의 창수가 나를 두렵게 하였으며 스올의 줄이 나를 두르고 사망의 올무가 내게 이르렀도다. 내가 환난 중에서 여호와께 아뢰며 나의 하나님께 아뢰었더니 그가 그의 성전에서 내 소리를 들으심이여 나의 부르짖음이 그의 귀에 들렸도다"(삼하 22:4-7).

그리스도인이 가장 많이 사용하는 단어 중 하나가 바로 구원이다. 예수 그리스도라는 이름 속에도 구원의 의미가 들어 있다. 복음에도 구원의 의미가 들어 있다. 신앙에서 구원을 빼고 이야기하면 의미가 없을 정도로 중요한 단어이다. 모든 것이 구원에서 시작되고 구원으로 마친다. '구원'과 '건져내다'라는 말은 동의어다. 시편 18편에는 '구원하다'와 '건져내다'라는 단어가 14회나 사용되었다.

다윗의 기도에서 중요한 뼈대와도 같은 단어이다.

우리의 시작은 구원에 있다. 구원은 인간 스스로 사용할 수 없는 단어이다. 인간은 자신을 구원할 수 없다. 누군가 밖에서 구원해주어야 한다. 구원은 하나님이 전제된 단어이다. 그러므로 하나님 없는 구원은 없다. 하나님만이 인간을 구원하실 수 있다. 오직 하나님만이 인간의 구원자가 되신다. 하나님의 나타나심은 곧 구원을 의미한다. 구원의 시작은 인간이 아닌 하나님에게 있다. 우리가 구원을 생각할 때마다 늘 하나님을 생각하게 되는 것도 바로 이 때문이다.

다윗은 자기 삶에서 하나님의 구원을 체험했다. 죽음의 위기에서 건지시는 하나님을 체험하면서 구원의 하나님을 알아갔다. 우리는 지금까지 이야기에서 사울에게 밤낮으로 쫓기는 불안한 삶 속에서 다윗이 하나님의 구원을 얼마나 크게 체험했는지를 살펴보았다. 다윗이 고백한 구원의 하나님은 단어적인, 지식적인 구원자가 아니라 살아계신 구원자셨다. 다윗은 살아 역사하시며 호흡하시는 하나님을 직접 보는 구원을 체험했다. 이것은 환난 속에서 기도할 때 들으시는 하나님을 경험했음을 의미한다. 하나님은 고난 가운데 부르짖는 나의 소리를 결코 외면하지 않으신다. 오늘 이 사실을 체험하면서 살아간다면 우리도 다윗처럼 구원의 하나님을 향해 살아 있는 고백을 할 수 있다. 체험이 있는 사람은 아무리 어려움이 닥칠지라도 하나님의 구원을 믿기에 기도하면서 문제를 헤쳐 나가게 된다.

생명을 살리는 기도

셋째, 살아 있는 기도를 해보았는가?

"이에 땅이 진동하고 떨며 하늘의 기초가 요동하고 흔들렸으니 그의 진노로 말미암음이로다. 그의 코에서 연기가 오르고 입에서 불이 나와 사름이여 그 불에 숯이 피었도다. 그가 또 하늘을 드리우고 강림하시니 그의 발 아래는 어두캄캄하였도다. 그룹을 타고 날으심이여 바람 날개 위에 나타나셨도다. 그가 흑암 곧 모인 물과 공중의 빽빽한 구름으로 둘린 장막을 삼으심이여 그 앞에 있는 광채로 말미암아 숯불이 피었도다. 여호와께서 하늘에서 우렛소리를 내시며 지존하신 자가 음성을 내심이여 화살을 날려 그들을 흩으시며 번개로 무찌르셨도다. 이럴 때에 여호와의 꾸지람과 콧김으로 말미암아 물밑이 드러나고 세상의 기초가 나타났도다. 그가 위에서 손을 내미사 나를 붙드심이여 많은 물에서 나를 건져내셨도다. 나를 강한 원수와 미워하는 자에게서 건지셨음이여 그들은 나보다 강했기 때문이로다. 그들이 나의 재앙의 날에 내게 이르렀으나 여호와께서 나의 의지가 되셨도다. 나를 또 넓은 곳으로 인도하시고 나를 기뻐하시므로 구원하셨도다"(삼하 22:8-20).

본문을 이해하기 위해서는 그 배경을 알아야 한다. 본문은 하나님이 이스라엘 백성을 애굽에서 구원하셔서 홍해를 건너게 하시고 시내 광야에서 예배하게 하시며 언약을 맺으심으로써 그들에게 참생명과 자유를 허락하신 출애굽기, 레위기, 민수기, 신명기의 토라를 담고 있다. 본문은 시내산에 임하신 하나님의 현현을 잘 표현하고 있다. 또한 홍해를 가르고 건지신 하나님의 극적인 구원과 홍해에 잠긴 애굽 군대의 최후를 그리고 있다.

그러나 다윗의 기도는 단순히 과거 이스라엘 역사를 회상하는 차원이 아니다. 그때 그들과 함께하셨던 하나님이 자신에게도 나타나셔서 동일한 구원을 베풀어주셨음을 찬양하고 있다. 다윗은 과거 이스라엘 민족에게 일어났던 하나님의 구원 역사를 회고하고 음미하면서 자신의 이야기로 바꾸어 기도 속에 담았다. 다윗처럼 구원의 체험을 통해 과거의 역사를 회상할 때 기도는 우리를 그때의 말씀 현장으로 들어가게 하는 위력을 발휘한다.

말씀을 통해 알게 되는 하나님의 구원 사건에 관한 인식수준은 나의 구원체험과 긴밀하게 연결되어 있다. 광야에서 도피하면서 얻은 다윗의 구원체험은 과거에 하신 하나님 말씀을 이해하는 데 크게 기여했다. 이처럼 구원체험이 분명할수록 성경은 우리에게 보다 가깝게 다가온다. 성경은 지식으로 깨달아지는 책이 아니다. 하나님은 나를 말씀의 현장으로 들어가게 하기 위해 오늘도 성경에서 경험되었던 고난과 아픔을 허락하신다. 생각할수록 얼마나 놀라운 하나님의 은혜인가! 고난받는 만큼 말씀의 이해도는 더욱 높아진다. 고난이야말로 삶과 말씀의 일치를 이루도록 가르치는 가장 좋은 교과서다. 성경은 눈물과 고난을 빼놓고는 도저히 읽을 수 없는 책이기 때문이다. 성경은 그냥 읽히는 책이 아니다. 환난과 고통을 당한 만큼, 광야의 도피생활을 오래 해본 만큼 읽히는 책이다. 공부하듯 책상에서 성경만 연구한다고 말씀이 읽히는 것이 아니다.

기도도 마찬가지다. 눈물을 머금어본 경험이 없으면 기도는 힘이 없다. 수많은 아픔과 외면과 무시와 실패를 경험한 사람일수록 기도의 깊이가 깊다. 그리고 말씀과 일치하는 기도를 할 수 있다. 말씀이 기도요, 기도가 곧 말씀이 되는 그날을 정말로 기대하는가? 광야의 현장으로 깊숙이 들어가라. 바쁘고 풍요로운 도시생활 속에서는 하나님을 만나기가 쉽지 않다. 그러나 외로운 광야 속에서는 하나님을 직접 만날 수 있는 특권이 주어진다. 그러므로 우리도 다윗처럼 살아 있는 기도를 할 수 있는 날을 기대하면서 우리에게 닥친 고난과 환난을 잘 이겨내야 한다. 오히려 고난을 하나님의 구원을 체험하는 기회로 삼는 것이 좋다. 다른 사람보다 특별히 어려움이 많기에 내가 기도의 사람이 될 수 있다면 지금 이 고난은 분명 축복임이 틀림없다.

마음 자세와
태도를 위한 기도

넷째, 하나님을 보는 방법을 아는가?

"여호와께서 내 공의를 따라 상 주시며 내 손의 깨끗함을 따라 갚으셨으니 이는 내가 여호와의 도를 지키고 악을 행함으로 내 하나님을 떠나지 아니하였으며 그의 모든 법도를 내 앞에 두고 그의 규

례를 버리지 아니하였음이로다. 내가 또 그의 앞에 완전하여 스스로 지켜 죄악을 피하였나니 그러므로 여호와께서 내 의대로, 그의 눈앞에서 내 깨끗한 대로 내게 갚으셨도다"(삼하 22:21-25).

내가 하나님 앞에서 완전해지고 죄악을 피할 수 있는 길은 하나님 말씀을 지키며 나의 앞에 말씀을 두고 그 약속을 따르는 것이다. 나의 모난 성격을 쪼개고 더러운 마음을 제거해버리고 악한 습성을 버리며 음란한 생각을 몰아내기 위해서는 말씀 앞에 서는 것 외에 다른 길이 없다. 이 세상에서 말씀만이 완전하고 말씀만이 진실하기 때문이다.

완전한 말씀과 자주 만나면 자연스럽게 내가 변화된다. 반대로 불완전한 사람과 자주 만나면 악한 습성을 배우게 되고 그것에 익숙해진다. 하나님 말씀에 집중하기보다 사람의 이야기와 주변의 흥미로운 것에 집중하다 보면 나도 모르게 생각이 그렇게 흘러간다. 우리 안에 하나님의 말씀이 풍성히 거하는 일은 결코 쉽지 않다. 하지만 나를 변화시킬 방법은 이것밖에 없다.

하나님 뜻이 잘 이해되지 않는다면 기도를 통해 알아가야 한다. 기도가 필요한 이유는 나의 생각이 아니라 주님의 뜻대로 주님의 말씀을 이해하기 위함이다. 나는 그분이 가르쳐주시는 범위 내에서만 말씀을 이해할 수 있다. 하나님을 알아가기 위해서는 기도가 더욱 필요하다. 그러므로 오늘도 이렇게 기도해보자. "나로 하여금 주의 기이한 법을 알게 해주소서."

자비한 자에게는 주의 자비하심을 나타내시며
완전한 자에게는 주의 완전하심을 보이시며
깨끗한 자에게는 주의 깨끗하심을 보이시며
사악한 자에게는 주의 거스르심을 보이시리이다.
주께서 곤고한 백성은 구원하시고
교만한 자를 살피사 낮추시리이다(삼하 22:26-28).

저수지는 결코 그 크기 이상의 물을 담을 수 없다. 물을 많이 담으려면 더 큰 그릇이 필요하다. 물은 그릇 크기만큼 담기는 법이다. 이런 상식적인 일은 영적 세계에도 그대로 적용된다. 하나님은 어떤 사람에게 은혜와 자비를 주시는가? 하나님의 은혜와 자비를 구하는 사람이다. 하나님은 하나님의 완전하심과 하나님의 거룩하심을 사모하는 자에게 그분의 완전하심과 거룩하심을 베푸신다. 이것은 인간의 행동을 말하는 것이 아니다. 마음 자세와 태도를 말하는 것이다. 하나님이 인간의 행함대로 갚으신다는 뜻이 아니라 마음을 보신다는 뜻이다. 하나님은 사람의 외모가 아니라 중심을 보시는 분이다. 우리 마음 중심에서 주의 자비하심과 주의 완전하심과 주의 거룩하심을 구할 때 하나님 자신을 계시해주신다. 반대로 우리 마음 중심에서 하나님을 거역하고 악한 마음을 품을 때 하나님의 징벌을 나타내신다.

하나님은 마음의 눈으로만 볼 수 있다. 그러므로 마음이 깨끗하지 않으면 하나님을 볼 수 없다. 나의 마음가짐이 중요하다. 신앙은 마음가짐이다. 나아가 어떤 마음을 갖느냐가 우리의 행동을 결정한다. 사실 행동은 마음에서 나오는 열매와 같다. 행동이 악하다는 것은 그 사람의 마음 상태가 악하다는 것을 의미한다. 마음과 행동은 결코 별개가 아니다. 그런데도 사람들은 마음은 변하지 않고 행동만 변하려고 한다. 마음은 그대로이면서 행동으로 그럴싸하게 보이려고 한다. 이것은 위선이자 가식이다. 사람은 속일 수 있을지 몰라도 하나님은 속일 수 없다.

그러면 무엇을 훈련해야 할까? 바로 마음이다. 우리 안에 있는 영이다. 영을 맑게 해야 한다. 그렇지 않고서는 맑은 것을 가질 수 없다. 무엇이든지 마음먹기에 달려 있다. 사람의 마음이 그 사람의 삶을 결정한다. 특히 하나님을 보기 위해서는 더욱더 마음이 정직해야 한다. 사람은 속일 수 있을지 몰라도 하나님은 속일 수 없다. 하나님을 대하는 마음으로 사람을 대한다면 하나님은 매우 기뻐하실 것이다. "무슨 일을 하든지 마음을 다하여 주께 하듯 하라"는 말씀이 바로 이 의미다. 주님에게 마음을 진실되게 드려 본 사람만이 사람에게도 진실함으로 대할 수 있다.

예를 들어 하나님의 말씀을 대할 때 마음 상태가 나쁘면 성경의 뜻이 보이지 않는다. 성경을 읽어도 글자만 읽을 뿐 그 안에 담긴 의미를 알 수 없다. 오히려 눈에 거스르는 것만 보이고, 이해할 수 없는 성경 구절만 눈에 띈다. 성경을 통해 은혜를 받기보다는 오히려 의심만 증폭되어 시험에 든다. 왜 그럴까? 나의 마음 상태가 좋지 못하기 때문이다. 성경은 거울과 같다. 있는 그대로 정직하게 보여준다. 내가 지금 성경을 보는 모습이 바로 나의 모습이다. 성경은 나의 영의 상태와 마음 자세에 따라 읽힌다.

성경은 바르지 못한 자세를 가진 사악한 자에게는 하나님의 거스르심만을 보여준다. 결코 지혜를 들려주지 않는다. 예수님의 권위 있는 말씀을 듣고도 늘 강퍅함으로 대했던 바리새인들이 좋은 예이다. 그들은 예수님의 말씀을 트집 잡아 오히려 죽이려고 했다. 그들의 숨은 마음이 얼마나 악한지를 스스로 증명하는 대목이다. 우리는 자신의 들보는 보지 못한 채 상대방의 티만 생각한다. 모든 책임을 성경으로 돌린다.

"성경은 왜 이렇게 지루하게 쓰인 것일까?"

"성경은 이해할 수 없는 비상식적인 이야기로 가득 차 있어."

"성경에 나와 있는 하나님은 잔인한 하나님이야."

이처럼 성경과 하나님을 함부로 폄하하는 사람들이 있다. 자기의 악한 모습은 생각하지 않고 모든 탓을 성경 자체로 돌린다. 이 같은 일은 오늘도 우리 안에서 흔히 일어난다. 이런 사람은 주의 자비하심과 완전하심을 알 수 없다. 돼지에게 진주를 주는 법은 없다. 지금이라도 나의 마음과 태도를 바꾸자. 그러면 나에게 이제까지와는 전혀 다른 일들이 나타날 것이다. 모든 게 하나님의 은혜로 다가올 것이다.

끝까지 인도하심을
믿는 기도

다섯째, 하나님이 나의 삶을 주도하심을 믿는가?

"여호와여 주는 나의 등불이시니 여호와께서 나의 어둠을 밝히시리이다. 내가 주를 의뢰하고 적진으로 달리며 내 하나님을 의지하고 성벽을 뛰어넘나이다. 하나님의 도는 완전하고 여호와의 말씀은 진실하니 그는 자기에게 피하는 모든 자에게 방패시로다. 여호와 외에 누가 하나님이며 우리 하나님 외에 누가 반석이냐. 하나님은 나의 견고한 요새시며 나를 안전한 곳으로 인도하시며 나의 발로 암사슴 발 같게 하시며 나를 나의 높은 곳에 세우시며 내 손을 가르쳐 싸우게 하시니 내 팔이 놋 활을 당기도다. 주께서 또 주의 구원의 방패를 내게 주시며 주의 온유함이 나를 크게 하셨나이다. 내 걸음을 넓게 하셨고 내 발이 미끄러지지 아니하게 하셨나이다. 내가 내 원수를 뒤쫓아 멸하였사오며 그들을 무찌르기 전에는 돌이키지 아니하였나이다. 내가 그들을 무찔러 전멸시켰더니 그들이 내 발 아래에 엎드러지고 능히 일어나지 못하였나이다. 이는 주께서 내게 전쟁하게 하려고 능력으로 내게 띠 띠우사 일어나 나를 치는 자를 내게 굴복하게 하셨사오며 주께서 또 내 원수들이 등을 내게로 향하게 하시고 내게 나를 미워하는 자를 끊어 버리게 하셨음이니이다. 그들이 도움을 구해도 구원할 자가 없었고 여호와께 부르짖어도 대답하지 아니하셨나이다. 내가 그들을 땅의 티끌 같이 부스러뜨리고 거리의 진흙 같이 밟아 헤쳤나이다. 주께서 또 나를 내 백성의 다툼에서 건지시고 나를 보전하사 모든 민족의 으뜸으로 삼으셨으니 내가 알지 못하는 백성이 나를 섬기리이다. 이방인들이 내게 굴복함이여 그들이 내 소문을 귀로 듣고 곧 내게 순복하리로다. 이방인들이 쇠약하여 그들의 견고한 곳에서 떨며 나오리로다"(삼하 22:29-46).

다윗의 기도를 살펴보면 또 한 가지 특징을 발견하게 된다. '하나님(주)께서'라는 단어가 반복되어 나온다는 점이다. 다윗의 모든 삶은 하나님께서 이루신 것이었다. 다윗의 인생은 자신의 의지로 이끌어간 것이 아니라 전적으로 하나님의 인도하심이었다. 양은 자기 스스로 길을 가지 않는다. 목자가 인도하는 대로 간다. 다윗은 "하나님은 나의 목자이시다"라고 고백하면서 살았다. 다윗의 삶 가운데 어느 것 하나도 하나님의 손 밖에서 이루어진 것이 없었다.

나를 승리하게 하신 분은 주님이시다. 원수를 물러나게 하신 분도 주님이시다. 나를 높이시고 이방인들이 나에게 굴복하게 하신 분도 주님이시다. 결코 내가 잘해서 된 것이 아니다. 오직 하나님의 은혜로 말미암은 것이다. 다윗은 "하나님은 나의 등불이시다"라고 선포했다. "하나님 외에는 나의 바위가 없다"라고 고백했다. 다윗이 자기 삶을 돌아보면서 내린 결론이다.

우리는 과연 다윗처럼 살고 있는가? 부끄러울 뿐이다. 하나님이 나의 등불이신가? 오직 하나님만이 나의 등불을 켜신다는 믿음이 필요하다. 사람들 앞에서 하나님 외에 나의 바위는 없다고 당당하게 고백할 수 있는가? 오직 하나님만이 나의 바위가 되신다는 믿음을 갖고 있는가? 어차피 우리는 하나님을 떠나서는 아무것도 할 수 없는 존재이다. 최대한 이 사실을 빨리 인정하고 남은 생애를 살아가는 것이 지혜롭다. 이제는 슬퍼할지라도 그분 안에서 슬퍼하고, 기뻐해도 그분 안에서 기뻐해야 한다. 이렇게 되면 슬픔도 기쁨도 그 의미가 커진다. 나의 모든 것은 그리스도 안에서 이루어진다. 이 사실을 굳게 믿고 다윗과 같은 삶의 고백과 찬미를 드릴 수 있다면 얼마나 좋을까?

기차는 철로를 벗어날 수 없다. 처음부터 철로로만 달리도록 만들어졌다. 이것이 기차의 정체성이다. 그리스도인의 삶도 마찬가지다. 우리는 그리스도 안에서 살아가야 한다. 그리스도 밖에서 살 수 있는 존재가 아니다. 우리는 일의 성패와 상관없이, 삶의 생사와 상관없이 하나님 안에 있어야 하는 존재이다. 한 번 기름 부음을 받은 사람은 기름 부은 자가 영원토록 책임지신다. 하나님의 선택하심을 믿는가? 이 믿음으로 세상을 살아가야 한다. 비록 모순투성이인 세상살이라 할지라도.

종말론적인 기도

여섯째, 나의 인생 마지막에 남는 것은 무엇인가?

"여호와의 사심을 두고 나의 반석을 찬송하며 내 구원의 반석이신 하나님을 높일지로다. 이 하나님이 나를 위하여 보복하시고 민족들이 내게 복종하게 하시며 나를 원수들에게서 이끌어 내시며 나를 대적하는 자 위에 나를 높이시고 나를 강포한 자에게서 건지시는도다. 이러므로 여호와여 내가 모든 민족 중에서 주께 감사하며 주의 이름을 찬양하리이다. 여호와께서 그의 왕에게 큰 구원을 주시며 기름 부음받은 자에게 인자를 베푸심이여 영원하도록 다윗과 그 후손에게로다 하였더라"(삼하 22:47-51).

다윗의 이야기를 읽다 보면 인생의 한계와 덧없음을 새삼 깨닫게 된다. 다윗의 생애를 따라가다 보면 인간의 희로애락으로 가득 차 있음을 알 수 있다. 다윗은 하나님 마음에 합한 위대한 삶을 살았지만 또한 우리와 같은 연약한 삶을 살았다. 그에게도 우리가 흔히 저지르는 일과 같은 잘못과 흠과 약점이 많았다. 다윗은 하나님께 묻고 기도하는 삶을 살았지만 그렇지 못한 때도 있었다. 인간적인 생각으로 판단하고 결정한 때도 있었다. 하나님의 자비와 사랑과 경건함을 지녔지만 또한 인간의 더러운 속성과 부패함도 지녔다. 결코 우리가 생각하는 완벽하고 이상적인 성인의 모습이 아니었다.

사실 다윗의 성공은 잠깐이었다. 왕궁에서 한가롭게 보낸 시간은 겨우 밧세바와 같이한 시간 정도였다. 그 외의 인생은 온통 쫓기고 도망하는 삶이었다. 인생의 전반전은 사울 때문에 힘들었고, 인생의 후반전은 압살롬 때문에 힘들었다. 다윗은 압살롬이 죽은 이후에 다시 왕궁으로 돌아왔지만 이미 모든 게 만신창이가 된 뒤였다. 다윗의 체면은 먹칠이 되었고 자랑할 만한 것이 하나도 없었다. 가족 내에서 싸움이 일어나 자녀가 둘이나 죽었다. 동생을 강간한 오빠, 형을 죽인 동생, 아버지를 배반한 아들, 이것이 다윗의 가족사였다. 어디 그뿐이랴. 아버지는 간음과 살인 교사라는 큰 죄과를 저지른 전과자였다. 누가 보기에도 저주받은 집안 같았다. 그러니 다시 왕이 된들 어떻게 나라를 다스릴 수 있겠는가? 왕의 권위는 땅에 떨어졌고 도덕성에도 치명타를 입었다. 지금으로 말하자면 왕으로서 직무를 존속하기 어려운 탄핵 대상이었다. 적이나 야당으로부터 비난의 화살을 받기에 충분한 처지였다. 이처럼 인생 내내 다윗을 괴롭힌 약점이 너무나도 많았다.

그러나 다윗은 모든 것을 다 잃고 실패한 듯한 삶을 살았음에도 단 한 가지를 분명하게 붙들었다. 바로 하나님이다. 여기에 다윗의 위대함이 있다. 다윗의 기도는 자기 삶에 함께하신 하나님을 그대로 나타내고 있다. 다윗은 모든 영광을 오직 하나님에게만 돌렸다.

나의 반석을 찬송하며
내 구원의 반석이신 하나님을 높일지로다(삼하 22:47).

기름 부음받은 자에게 인자를 베푸심이여
영원하도록 다윗과 그 후손에게로다(삼하 22:51).

항상 마지막에 남는 것이 중요하다. 모든 것을 놓칠지라도 가장 중요한 것을 잡으면 모든 것을 잡은 것이다. 그러나 모든 것을 잡을지라도 가장 중요한 것을 놓치면 아무것도 아니다. 다윗은 세상의 모든 것을 포기해야 했다. 자신이 원하지 않았음에도 그렇게 할 수밖에 없었다. 누구를 탓할 수도 없다. 그러나 단 한 가지, 하나님을 확실하게 붙잡았다.

오늘 우리도 다윗과 같은 모습이 필요하다. 세상의 것을 얻기 위해 하나님을 잃어버려서는 안 된다. 하나님을 붙잡지 못하면 모든 것을 놓친 것이다. 마지막에 남는 것이 오직 하나님 한 분만이 되어야 한다. 이것이 성공한 삶이다. 세상의 것들이 하나씩 시들고 찢어지고 무너진다고 너무 슬퍼하지 말라. 어차피 시간이 지나면 다 없어질 헛되고 헛된 것들이다. 잠시 우리를 홀릴 뿐이다. 생명 없는 죽은 것들이다. 짧은 인생에는 이것들과 함께할 시간이 없다. 그러므로 이것들이 없어짐으로 인해 너무 안타까워하지 말자. 이 모든 것을 버리고 하나님을 붙잡는 것이 가장 지혜로운 일이다. 이 일에 우리의 목숨을 걸 수 있다면 이보다 멋진 삶은 없을 것이다.

다윗은 가장 성공적인 삶을 살았다. 세상의 것을 다 얻고 왕이 되었기 때문이 아니다. 전쟁에서 승리하고 영토를 확장하고 태평성대를 누렸기 때문이 아니다. 자신에게는 오직 한 분, 주님만이 존재함을 만방에 선포한 사람이 되었기 때문이다. 다윗의 인생을 따라가면서 강하게 느끼는 것이 한 가지 있다. 그토록 위대했던 다윗은 온데간데없고 다윗의 마음속에 오직 하나님 한 분만이 선명하게 남아 있다는 사실이다. 이것이야말로 사무엘서 기자가 말하고자 했던 다윗의 위대한 삶이자 하나님이 원하시는 그리스도인의 삶이 아닐까?

사도 바울의 고백을 들어보면 바울 역시 다윗의 삶을 사모하며 그렇게 살려고 노력하지 않았을까 싶다.

> 나의 간절한 기대와 소망을 따라
> 아무 일에든지 부끄러워하지 아니하고
> 지금도 전과 같이 온전히 담대하여 살든지 죽든지
> 내 몸에서 그리스도가 존귀하게 되게 하려 하나니
> 이는 내게 사는 것이 그리스도니
> 죽는 것도 유익함이라(빌 1:20-21).

인생의 마지막에 나의 마음속에 남는 한 분이 오직 하나님이라면 나는 제대로 산 것이다. 사람들이 나의 인생을 보면서 나를 통해 하나님과 예수 그리스도의 이름을 이전보다 더 선명하게 느끼게 되었다면 다윗처럼 위대한 삶을 산 것이다. 나의 기도 역시 인생과 동일한 목적으로 드려져야 한다. "오직 예수 그리스도의 이름만을 위해!"

07

언약을 통해 대를 잇는
기도를 하라

우리는 언약 안에서 살아야 한다. 내 인생의 기준이
말씀이 되어야 한다. 세상이 떠드는 성공의 기준으로 보지 말라.
오직 얼마나 하나님의 말씀을 이루고
말씀과 관계있는 삶을 살았느냐에 집중해야 한다.

세계 성경 번역사에서 가장 큰 공헌을 한 사람은 영국에서 태어
난 윌리엄 턴데일이다. 당시 성경은 라틴어와 헬라어로 되어 있어서
사제들만의 공유물이었다. 그런 성경을 턴데일은 비밀리에 영어로
번역하여 누구나 쉽게 읽을 수 있게 만들었다. 그런데 이 사실을 안
영국 왕 헨리 8세는 불경하다고 하여 몰래 첩자를 보내 그를 잡아
오게 했다. 결국 턴데일은 2년의 옥고를 치른 뒤 높은 장대에 매달
렸다가 다시 화형을 당하는 끔직한 처벌을 받고 순교했다. 그는 목
숨이 끊어지기 전에 이렇게 기도했다. "주여, 영국 왕의 눈을 열어주
소서."

그 후 1611년, 영국 왕 제임스의 명령으로 새로운 영어 번역 성경
이 나왔다. 이것이 바로 오늘날 가장 전통 있고 권위 있는 성경으로

알려진 흠정역 성경(King James Version)이다. 턴데일은 죽었지만 그의 기도로 탄생한 번역 성경은 지금도 수많은 사람을 구원하는 역할을 하고 있다.

무엇을 위해서
기도하는가?

사무엘하 23장 1~7절은 길이는 짧지만 다윗의 마음이 다 들어 있는 구절이다. 이 구절은 다윗의 유언과도 같다. 1절에 기록된 "이는 다윗의 마지막 말이라"는 표제어가 이것을 뒷받침한다. 그러므로 다윗의 마지막 기도라 생각해도 무방할 듯하다.

다윗은 누구였는가? 그의 정체성을 요약하면 다음과 같다. 다윗은 이새의 막내아들로 형제들 중에서 높이 세워진 자였다. 다윗은 야곱의 하나님에게 선택되어 기름 부음을 받은 자였다. 또한 다윗은 이스라엘의 하나님에게 총애를 받은 자(개역성경에는 "이스라엘의 노래 잘하는 자"라고 번역되었음)였다. 결론적으로 다윗은 스스로 높아진 자가 아니라 하나님이 높이신 자였다. 우리는 누구인가? 하나님에 의해 높임을 받은 성도이다. 하나님에 의해 선택되고 인도함을 받은 성도이다. 그리스도인은 이 사실을 잊지 말고 언제나 하나님 앞에서 살아야 한다. 다윗처럼 하나님의 음성에 귀 기울이고, 하나님의 부르심에 합당하게 사는 것이 우리가 해야 할 일이다.

다윗은 마지막 찬미의 기도를 다음과 같이 드리고 있다. 이 기도를 통해 다윗의 관심이 어디에 있었고, 살면서 무엇을 소중하게 여겼는지 잘 알 수 있다.

여호와의 영이 나를 통하여 말씀하심이여
그의 말씀이 내 혀에 있도다.
이스라엘의 하나님이 말씀하시며
이스라엘의 반석이 내게 이르시기를
사람을 공의로 다스리는 자
하나님을 경외함으로 다스리는 자여
그는 돋는 해의 아침 빛 같고
구름 없는 아침 같고
비 내린 후의 광선으로
땅에서 움이 돋는 새 풀 같으니라 하시도다.
내 집이 하나님 앞에 이같지 아니하냐(삼하 23:2-5).

다윗의 입에는 늘 말씀이 있었다. 다윗의 입에서 하나님의 말씀이 떠나지 않았다. "그의 말씀이 내 혀에 있도다." 다윗은 말할 때 하나님 말씀이 하는 것처럼 했다. 하나님 말씀이 자신의 입을 통해 이루어지기를 기도했다. 다윗의 말은 곧 기도였다. 다윗의 기도는 곧 말씀이었다. 다윗은 말과 기도와 말씀이 하나 되는 삶을 살려고 했다.

또한 다윗은 말로만 끝낸 것이 아니라 삶에서도 말처럼 살려고 했다. 하나님을 경외함으로 백성을 공의로 다스리는 삶을 살려고 했다. 말하는 것과 통치하는 것을 하나로 일치시키려고 했다. 인간의 통치와는 다르게 하나님을 경외함으로 다스리고 하나님의 뜻을 묻고 또 물으며 왕의 직무를 다했다. 얼마나 아름다운 왕의 모습인가? 기도하는 왕, 하나님을 경외하는 왕, 말씀을 이루는 왕, 이 모든 것을 분리하지 않고 서로 하나 되도록 해서 하나님의 의를 이루고자 했다. 과연 앞으로 또다시 이런 왕이 나올 수 있을까 싶을 정도로 하나님의 마음에 관심을 둔 왕이었다.

말씀 따로, 기도 따로

반면 우리는 말씀과 기도 따로, 말과 사역, 생활이 별도로 이루어지는 삶을 살고 있다. 기도하는 것과 말하는 게 다르고 말하는 것과 살아가는 게 다르다. 기도와 말씀이 분리된 채 살고 있다. 이것을 하나로 통합하기란 쉽지 않다. 그러나 우리가 반드시 지향해야 할 참된 그리스도인의 모습이다. 하나님의 통치를 받는 사람은 모두 하나 됨을 향해 나아가야 한다. 성과 속을 구분하거나 영과 육을 구분해서는 안 된다. 교회와 가정과 일터를 구분하는 것은 하나님으로부터 멀어지는 일이다. 기도하는 것은 곧 살아가는 것을 말한다. 일상에서 기도가 되지 않으면 거룩한 삶을 살 수 없다. 기도로 거룩해지고 거룩한 삶을 통하여 예수님이 증거되기 때문이다.

한국교회에 이런 참된 그리스도인이 많아진다면 교회가 부흥하고 하나님의 이름이 높아질 것이다. 기도가 곧 삶이 되는 날이 하루 빨리 와야 한다. 뜨거운 기도가 예배당과 기도원에서만 울려 퍼지는 것이 아니라 치열한 생존 현장인 일터에서, 병과 싸우는 병실에서도 울려 퍼지는 그날을 기대해본다. 삶의 현장이 기도하는 곳이다. 하나님은 어느 곳에나 임재하신다. 그렇다면 어디서나 주님과 나누고 전하는 사명을 감당해야 한다. 기도는 일터에 있는 사람에게나 이리저리 피하며 도망치는 사람에게나 동일하게 절실하다. 말은 곧 기도다. 그런데 왜 우리는 말하는 것을 기도하는 것처럼 할 수 없을까? 기도하는 것을 말씀을 듣는 것처럼 할 수 없을까? 말이 삶으로 드러날 수 없을까? 이것을 위해 매 순간 기도가 필요하다.

다윗은 마지막으로 가장 중요한 핵심을 언급했다. 바로 영원한 언약이다. 다윗에게 인생에서 가장 큰 축복 하나를 들라면 하나님이 자신과 더불어 영원한 언약을 세우신 것을 들 것이다. 다윗은 언약으로 맺어진 하나님과 자신의 관계에 흥분을 감추지 못했다. 이 흥분은 다음 구절에서도 어김없이 나타난다.

하나님이 나와 더불어 영원한 언약을 세우사
만사에 구비하고 견고하게 하셨으니
나의 모든 구원과 나의 모든 소원을
어찌 이루지 아니하시랴.

그러나 사악한 자는 다 내버려질 가시나무 같으니

이는 손으로 잡을 수 없음이로다.

그것들을 만지는 자는 철과 창자루를 가져야 하리니

그것들이 당장에 불살리리로다(삼하 23:5-7).

'언약'은 성경을 관통하는 핵심 주제이다. 언약을 통해 다윗의 자손 예수 그리스도께서 이 땅에 오셨다. 다윗은 예수 그리스도의 뿌리를 세우는 사람으로 선택받았다. 최고의 복을 받은 것이다. 다윗이 다른 사람과 구별되는 특징이 바로 여기에 있다. 영원한 언약을 받았다는 것이다. 다윗은 자신이 언약 안에 있음을 알았기에 "하나님이 나의 모든 구원과 나의 모든 소원을 어찌 이루지 아니하시랴"고 기도할 수 있었다.

우리의 기도 응답은 내가 열심히 구해서가 아니라 언약으로 인해 이루어지는 것이다. 나의 행함이 아니라 언약으로 인해 복을 받는 것이다. 언약이 없으면 응답도 없다. 하나님은 언약을 통해 말씀하시고 언약을 통해 그분의 일을 이루신다. 하나님은 언약에 충실하신 분이다. 즉 하나님은 언약을 통해서만 말씀하시고, 모든 일을 언약에 따라 행하신다. 언약이 없으면 하나님도 없다. 우리는 언약을 어길지라도 하나님은 언약을 신실히 이행하시는 분이다.

우리가 언약에 충실하다는 것은 하나님이 지금까지 이루어 오신 일에 온전히 들어가겠다는 뜻이다. 지금도 언약을 통해 이루시는 일과 함께하겠다는 뜻이다. 반대로 언약의 말씀을 무시하면 지금까지

하신 하나님의 역사를 부인하는 것이다. 나의 뜻을 이루기 위해 하나님이 존재하시게 해서는 안 된다. 나의 뜻을 위해 기도해서는 안 된다. 나의 욕심을 이루기 위해 교회에 나가고 예배드려서는 안 된다. 오히려 정반대이다. 하나님 뜻을 이루기 위해 나의 삶이 존재한다. 하나님 뜻을 이루기 위해 교회가 필요하다. 그러므로 나의 스타일이나 정시에 맞는 교회를 찾기보다는 하나님 뜻을 이루는 것이 더 중요하다.

언약을 붙잡고 기도하라

사람들은 대부분 자신이 하는 일에 하나님을 끌어들이려고 한다. 언약에는 관심이 없다. 그러면서도 기도를 자기 뜻을 이루기 위한 가장 효과적인 도구로 사용한다. 참으로 서글픈 일이다. 인간의 목적과 꿈과 성공에 집착하면 하나님 말씀은 사라진다. 언약이 도구로 전락한다. 다윗에게 중요한 것은 왕의 자리가 아니었다. 자신이 이룬 업적이나 백성의 평가도 아니었다. 오직 영원한 언약이었다. 언약을 붙잡고 살아가는 것이 자신의 소원이었다. 모든 성공과 실패는 바로 여기에서 결정된다. 말씀이 사라지면 모든 게 사라지고, 모든 것이 실패한다.

이것은 분열 왕국의 역사를 통해 그대로 증명되었다. 40여 명의 왕에 대한 평가 기준은 오직 하나였다. 통치 기간이나 업적이 아니었다. 얼마나 말씀에 충실한 삶을 살았느냐에 있었다. 사람은 모두 죽는다. 부귀영화도 잠시다. 영원토록 대를 잇는 것은 하나님 말씀뿐이다. 그러므로 하나님 말씀을 붙잡는 자가 가장 행복한 사람이요, 영원히 복받는 사람이다. 우리는 언약 안에서 사는 존재다. 내 인생의 기준은 말씀을 이루는 일이다. 세상이 떠드는 성공의 기준으로 보지 말라. 오직 얼마나 하나님의 말씀을 이루고 말씀과 관계있는 삶을 살았느냐에 집중해야 한다. 다윗이 그랬던 것처럼.

언약 안에서 살기를 거부하는 사람은 가시나무와 같은 사람이다. 이런 삶은 의미가 없기에 그 끝이 불행하다. 오늘 우리는 이렇게 기도하자. "주여, 언약 안에서 살게 하소서." 이제 곧 다윗 자신도 사라질 것이다. 그동안 다윗이 누렸던 모든 것도 다 사라질 것이다. 그럼 영원히 사라지지 않는 것은 무엇일까? 바로 하나님의 영원한 언약뿐이다. 하나님의 언약을 붙잡으면 영원히 사는 다윗이 되지만, 영원한 언약을 놓치면 없어질 가시나무와 같은 존재가 된다. 언약 안에 있는 축복의 삶을 감사하자. 주의 말씀에 우리의 관심을 집중하자. 불쏘시개처럼 사라지는 가시나무와 같은 인생이 되지 말자.

08

대가를 지불하는
기도를 하라

하나님은 언제나 나의 작은 희생을 통해 위대한 일을
이루신다. 하나님의 위대한 일은 내가 위대하게 만드는
것이 아니다. 하나님이 위대하게 만드시는 것이다.
오늘 드리는 나의 작고 진실한 기도를 통해.

한 알의 밀알이 땅에 떨어져 죽으면 많은 열매가 맺힌다. 세상의
위대한 역사 뒤에는 항상 값진 희생이 있었다. 값을 치르지 않은 희
생은 희생이 아니다. 값을 치르지 않은 사랑은 사랑이 아니다. 예수
님이 십자가에서 죽으신 것은 인간의 죄에 대한 값을 치르시기 위함
이었다. 우리는 이것을 '대속'(代贖)이라고 표현한다.

편안하게 거저 얻어지는 것은 생명을 잉태하지 못한다. 생명을
잉태하는 것이 힘들고 고통스럽기에 그 값을 치르고 나온 인생이 의
미 있는 것이다. 모든 일이 다 그렇다. 정말 값진 것을 위해서는 대
가를 치르고 값을 내야 한다. 우리가 거저 받은 복음도 알고 보면 계
산할 수 없는 엄청난 값을 예수님이 치르셨기에 가능한 일이다.

기도로 시작하고
기도로 마무리하라

사무엘하 24장은 사무엘서의 마지막 장이다. 사무엘서 기자는 다윗의 이야기를 기도로 마무리한다. 기도하는 다윗의 모습에 초점을 맞추고 있다. 앞서 사무엘상 1장은 한나의 기도로 시작했다. 이것을 통해 기도로 시작해서 기도로 맺는 사무엘서의 일관된 흐름을 알 수 있다. 이렇게 보면 엘리, 사무엘, 사울, 그리고 다윗의 이야기를 기록한 사무엘서는 분명 기도의 책이다. 사무엘서는 기도하는 사람의 삶과 기도하지 않는 사람의 삶을 대비해서 보여주고 있으며, 그 끝을 기도하는 다윗으로 마무리하고 있다. 탁월한 구성이라 할 수 있다. 우리도 기도로 시작하고 기도로 마치는 삶을 살아야 한다. 우리 인생이 부모의 기도 속에서 시작되었듯이 마지막에도 하나님에게 나의 영혼을 받아달라고 기도하면서 숨을 거두어야 한다. 마침표를 하나님으로 찍지 않는다면 참으로 불행한 사람이다.

사무엘하 24장의 시작 부분에는 다윗이 인구조사를 한 사건이 기록되어 있다. 이것은 하나님 앞에서 큰 죄였다. 하나님이 하시는 일에 인간의 계산을 끼워 넣은 것이기 때문이다. 하나님이 자기를 다루시게 하지 않고 자기가 하나님을 다루려고 한 일이기 때문이다. 그 결과 갑작스러운 전염병으로 7만 명이 사망하는 비극을 초래했다. 결국 다윗은 책임을 통감하고 죄를 해결하기 위해 하나님에게 회개 기도를 드렸다. 역시 다윗은 기도의 사람이었다. 비록 잘못했지만 그 잘못을 해결하기 위해 끝까지 기도를 잊지 않았다.

사무엘서 기자는 왜 마지막 장에 이 사건을 기록했을까? 23장으로 마무리했으면 좋았을 텐데 다윗의 과오를 추가로 기록함으로써 왜 또다시 흠집을 낸 것일까? 쉽게 이해되지 않는다. 어쩌면 다윗이 여전히 죄인으로서 한 인간임을 보여주고 하나님을 계속 의지할 수밖에 없는 존재임을 말하려고 한 것이 아닐까? 우리가 감히 따라갈 수 없을 만큼 하나님과 소통을 잘한 다윗이지만, 한편으론 우리처럼 죄와 실수를 반복한 연약한 인간임을 보여주기 위한 것이 아닐까? 이를 통해 실수하는 다윗과 손잡고 하나님 마음에 합한 위대한 다윗을 계속 본받는 삶을 살아갈 것을 의도했다고 볼 수 있다.

사무엘서 기자는 기도하지 않으면 늘 넘어질 수밖에 없는 인간의 모습을 다윗을 통해 보여 줌으로써 우리를 기도의 자리로 초대하고 있다. 다윗이 신앙적인 면에서 항상 성공한 것은 아니다. 그러나 다윗은 실패했을 때도 기도를 잊지 않음으로써 결국은 성공했다. 기도는 어쩔 수 없이 무너질 수밖에 없는 연약한 인간의 삶을 바로 세워주는 역할을 한다. 기도하는 사람은 다시 일어설 수 있다. 모든 것을 잃을지라도, 하나님에게 완전히 버림받은 것 같은 상황에 처할지라도 마지막에 기도한다면 다시 일어설 수 있고 회복할 수 있다. 다시 하나님의 은혜 속에 들어갈 수 있다.

다윗은 "그의 마음에 자책하고" 백성들을 계수한 것을 회개했다 (삼하 24:10). 다윗은 자기의 죄로 인해 백성들을 치는 천사를 보고 하나님에게 이렇게 아뢰었다. "나는 범죄하였고 악을 행하였거니와

이 양 무리는 무엇을 행하였나이까. 청하건대 주의 손으로 나와 내 아버지의 집을 치소서"(삼하 24:17). 모세가 백성을 위해 중보기도 하며 자기 이름을 생명책에서 지워달라고 했던 모습과 비슷하다. 지배하는 왕으로서가 아니라 백성들을 섬기는 목자로서의 다윗 모습을 볼 수 있다.

하나님은 갓 선지자를 통해 다윗에게 여부스 사람 아라우나의 타작마당에서 여호와를 위해 제단을 쌓으라고 명하셨다. 이것이 하나님께서 제시하신 문제해결 방법이었다. 아라우나는 여부스 족속으로 이전에 다윗이 예루살렘을 공격했을 때 살아남은 거민이었다. 다윗은 번제를 드리기에 앞서 아라우나에게서 타작마당을 사기를 원했다. 다윗이 여호와 하나님께 제단을 쌓아 백성에게 내리는 재앙을 그치게 하기 위해 이 땅을 사겠다고 하자 아라우나는 이렇게 대답했다. "아라우나가 다윗에게 아뢰되 원하건대 내 주 왕은 좋게 여기시는 대로 취하여 드리소서. 번제에 대하여는 소가 있고 땔 나무에 대하여는 마당질하는 도구와 소의 멍에가 있나이다. 왕이여 아라우나가 이것을 다 왕께 드리나이다 하고 또 왕께 아뢰되 왕의 하나님 여호와께서 왕을 기쁘게 받으시기를 원하나이다"(삼하 24:22-23).

그러나 다윗은 "값 없이는 내 하나님 여호와께 번제를 드리지 아니하리라"(삼하 24:24)며 뜻을 굽히지 않았다. 결국 은 오십 세겔을 주고 타작마당을 샀다. 충분히 대가 없이 받을 수도 있는 상황이었다. 그것도 하나님을 위해 바친다는 데 말이다. 그러나 다윗은 값을 치르고 땅을 사서 여호와를 위해 제단을 쌓고 번제와 화목제를 드렸

다. 그러자 하나님은 그 땅을 위한 기도를 들으시고 이스라엘에게
내리는 재앙을 그치게 하셨다.

너무 쉽게 얻으면
하나님의 응답이 아닐 수 있다

기도란 무엇인가? 하나님은 어떤 기도를 받으시는가?
다윗은 이 질문의 답을 가장 잘 알고 있었던 사람이다. "값없이는 내
하나님 여호와께 번제를 드리지 아니하리라"는 다윗의 자세는 하나
님을 움직였고, 마침내 응답으로 이어졌다. 우리는 얼마나 쉽게 얻
으려 하고, 얼마나 쉽게 배우려 하는가? 값을 치르지 않고 공부하는
것은 나에게 큰 도움이 되지 않는다. 중요한 것일수록 값을 치러야
한다. 공짜는 별로 좋지 않다. 거저 얻으려고 하는 태도가 우리를 타
락하게 한다. 그런데도 얼마나 많은 그리스도인이 공짜를 좋아하는
가? 얼마나 많은 사람이 공짜에 몰려드는가? 참으로 작은 것조차 값
을 치르기를 아까워한다.

대학 등록금도 비싸지만 박사과정의 등록금도 수백만 원이나 된
다. 어떤 사람은 '배우는 것에 비해 등록금이 너무 비싸지 않은가?'
라는 생각할 수도 있다. 한 과목당 2백여만 원 정도라고 하면 말이
다. 그러나 자신만의 전공을 공부하는 과정을 사랑한다면 생각은 달
라진다. 또 교수님들의 열정과 그동안의 연구와 공부에 대해 생각한

다면 더욱더 그렇다. 특히 성경 공부라면 결코 아깝지 않다. 오히려 감사하게 된다. 이곳이 아니면 배울 수 없다고 생각하면 더욱 그럴 것이다. 이렇게 값을 치르면 결석하거나 지각하거나 강의 중에 시간을 헛되이 보내거나 조는 법이 없다. 왜 그럴까? 많은 값을 치렀기 때문이다. 적게 내고 배우면 그만큼 감도가 떨어진다. 금전적으로는 이득이지만 결과적으론 손해가 더 클 수도 있다. 물질이 있는 곳에 마음이 있는 법이다. 문제는 마음이다. 대상에 초점을 맞추면 금전에 관한 생각이 달라진다. 대기업 CEO들을 대상으로 한 강좌를 보면 몇 시간 강의에 백만 원이 훌쩍 넘는 경우가 많다. 특히 외국 석학의 강좌를 듣기 위해서는 엄청난 강의료를 지불해야 한다.

정말 다윗 같은 기도 응답을 원하는가? 그렇다면 값을 치러야 한다. 최대한 합당한 대가를 치를 때 하나님이 함께하신다. 기도를 위해서는 먼저 시간을 내야 한다. 그리고 기도 시간으로 인해 입게 되는 손해도 감수해야 한다. 친구를 만나거나 세상일에 대한 부분을 포기해야 하는 일이 생길 수 있다. 잠을 줄이거나 다른 일을 줄이는 일이 선행되지 않으면 기도에 집중할 수 없다. 특히 하나님의 강력한 응답을 원한다면 기도에 더욱 힘써야 한다. 자기 삶을 포기하고, 심지어 금식하고 작정기도에 들어갈 수도 있다. 이런 값을 치르지 않으면 기도에 마음을 쏟을 수가 없다. 대가에 인색해서는 안 된다. 물질과 마음과 정성을 바쳐서 주님께 집중할 때 주의 은혜가 임한다.

값을 치르는 기도가
능력 있다

정말로 기도의 중요성을 안다면 편안하게 앉아 공짜로 얻으려는 마음을 가져서는 안 된다. 단 몇 시간으로 큰 문제들을 해결하려고 하는 것이야말로 도둑이다. 기도에 공짜는 없다. 시간과 마음을 들인 만큼, 무릎 꿇은 만큼 하나님의 응답이 온다. 우리는 너무나 편하게 기도하려고 한다. 반면 응답은 크게 소원한다. 여기에 우리의 문제가 있다. 오랜 기다림과 끈질김의 값을 치러야 한다. 많은 눈물을 흘리고 좌절과 아픔을 당하면서 하나님을 의지하는 시간을 보낸 기도가 능력 있는 이유는 그만한 값을 치렀기 때문이다. 광야의 시간이 긴 만큼 기도의 응답도 크다. 하나님은 값을 치르는 시간을 통해 우리 마음을 보시고 응답하신다. 오늘 우리에게도 다윗처럼 값을 치르는 기도가 필요하다.

다윗은 자신이 아라우나의 타작마당을 사서 드린 제사가 후에 어떤 결과를 가져올지 알지 못했다. 이 타작마당은 후에 솔로몬이 세운 하나님의 성전 터가 된다. 별것 아닌 타작마당이 가장 위대하신 하나님께서 임재하시는 성소가 되는 것이다. 얼마나 놀라운 일인가! 누가 이 일을 알았겠는가? 만약 다윗이 아라우나의 타작마당을 값을 치르고 사지 않았다면 아마도 성전 터가 되지 못했을 것이다. 다윗이 이곳을 성전 터로 만든 것이 아니라 하나님께서 이곳을 성전 터로 삼으신 것이다. 다윗의 마음이 담긴 진실한 기도를 들으시고….

공짜는 하나님에게 드린 것이 아니다. 자신의 희생이 들어가고 자신의 마음이 들어갈 때 의미가 있고 하나님을 감동하게 하는 법이다. 남에게 받은 것을 그대로 하나님에게 드리면 받으시지 않는다. 누가 나에게 선물을 주었다고 하자. 그런데 알고 보니 다른 사람에게 받은 것을 그대로 나에게 다시 준 것이라면 그 선물이 아무리 고가라도 받는 사람 입장에서는 즐거울 리 없다. 거기에는 마음이 없기 때문이다. 그저 형식만 있을 뿐이다. 만약 남는 시간에 기도하고 여유가 되면 기도하고 급해서 기도한다면 이것은 진정한 기도가 아니다. 이런 기도는 하나님이 받지 않으시고 후에 위대한 일도 이룰 수 없다.

가장 중요한 시간을 기도 시간으로 정하자. 정기적으로 시간을 정해 기도에 힘쓰자. 이것이 값을 치르는 길이다. 이왕이면 푼돈이 아니라 고가의 값을 치르라. 지금 내가 하는 기도를 통해 나중에 하나님이 어떤 일을 이루실지 아무도 모른다. 내가 기도하는 이곳이 나중에 하나님의 성전 터가 되는 역사가 일어날지 아무도 모르는 일이다. 내가 기도하는 이 장소에서, 내가 바친 이 시간을 통해 민족과 나라를 움직이는 인물이 나올지 누가 알겠는가?

다윗이 제사를 위해 값으로 사서 하나님에게 바친 터가 하나님의 성전 터가 되었다는 사실은 하나님이 다윗의 마음을 아시고 크게 사용하셨다는 의미다. 다윗이 그토록 짓고 싶어 했던 성전 터를 직접 준비하게 하신 것이다. 이 얼마나 놀라운 일인가! 이 세상에는 얼마나 넓은 땅이 있는가? 그 넓은 땅 중에 비록 은 오십 세겔 정도의 작은 땅이지만 이 땅이야말로 이 세상에서 가장 가치 있게 사용된 땅이라고 할 수 있다. 하나님이 임재하시는 터전, 생각만 해도 감격스럽지 않은가! 다윗이 값을 치른 작은 일이 놀라운 역사를 이루는 일이 될지 누가 알았겠는가?

오늘 드리는 나의 기도를 하찮게 여기지 말자. 비록 작은 기도이지만 하나님의 위대한 꿈을 이루는 터전이 될 수 있다. 최선을 다해 값을 치러 주님에게 나의 마음을 드리자. 큰 것은 다른 것이 아니다. 현재 나의 삶에 충실하고 그 삶을 하나님에게 진실하게 드리면 이것이 곧 위대한 일을 이루는 것이다. 하나님은 언제나 나의 작은 희생을 통해 위대한 일을 이루신다. 하나님의 위대한 일은 내가 위대하게 만드는 것이 아니다. 하나님이 위대하게 만드신 것이다. 오늘 드리는 나의 작은 진실한 기도를 통해. ■

기도의 응답을 듣기 위해서는
눈과 귀를 하나님이 만드신 모든 것을 향해
열어 놓는 자세가 필요하다.
즉 하나님을 향해 마음을 열어 놓는 일이다.
하나님은 그분이 만드신 모든 것을 사용하여
우리에게 말씀하신다.